Querida

Este libro te lo regalamos
con Susy, te cuento que yo sólo
lo compré con ella pues no lo
he leído.

Ojalá me puedas tener tiempo para
hacerlo porque dice ~~que~~ Susy que
es muy bueno.

con cariño de tus

hermanas Elena y Susy

Julio de 1998

# Leo Buscaglia

## VIVIR, AMAR
## Y APRENDER

# Leo Buscaglia

---

# Vivir, Amar
# y Aprender

Título original: *Living, Loving and Learning*

Traducción: Raquel Albornoz

Diseño de la cubierta: Eduardo Ruiz

*Copyright © 1982 by Leo Buscaglia, Inc.*
*Copyright © Emecé Editores*, 1984

Emecé Editores España, S.A.
Mallorca, 237 - 08008 Barcelona - Tel. 215 11 99

ISBN: 950-04-1737-5
22.098
Depósito legal: B-25.345-1997

*Printed in Spain*

Impresión: Romanyà-Valls, Pl. Verdaguer 1,
Capellades, Barcelona

# PRÓLOGO

Nikos Kazantzakis sugiere que el maestro ideal es aquel que se pone en el papel de un puente por el cual invita a sus alumnos a cruzar, y que luego de haberlos ayudado en el cruce se desploma con alegría, alentándolos a crear sus propios puentes.

Las diversas exposiciones incluidas en este libro representan tales puentes. Son simplemente ideas, conceptos y sentimientos que he compartido con satisfacción y he expuesto en el pleno entendimiento de que podrían ser aceptados, festejados, ignorados o rechazados. Eso no importaba.

Vuelvo a desarrollarlos aquí para aquellos que no asistieron a la exposición original o para quienes deseen experimentarlos en una segunda oportunidad.

Me alegra haber compartido estas ideas. Sigo impresionado de que hubiese habido miles que quisieran oírme. Para mí representan diez emocionantes años de crecimiento y de entrega. Mirando hacia atrás compruebo que no tengo remordimiento alguno, y sé que, para mejor o para peor, habré de continuar exponiendo mis ideas puesto que estoy decidido a continuar construyendo puentes.

L.B.

# El amor como modificador del comportamiento

Hoy he venido a hablarles del amor. Suelo denominar estas conferencias "Amor en el aula". Son ustedes realmente muy audaces al permitirme venir a hablarles del amor en el aula. Por lo general se me pide que lo disimule, o que al menos le agregue algo. Por ejemplo, "El amor, coma, modificador del comportamiento". Entonces suena muy científico y nadie se asusta. Lo mismo ocurre cuando dicto mi clase de amor en la universidad; todos los profesores se ríen y me preguntan cuando me ven caminando por el *campus*: "¿Tienes clase práctica el sábado?" Yo les contesto que no.

Deseo relatarles brevemente cómo comencé con esta idea del amor en el aula. Hace unos cinco años me entrevistó el decano de la Facultad de Educación. Se trataba de un hombre muy formal sentado detrás de un enorme escritorio. Yo acababa de dejar el puesto de director de educación especial en un amplio distrito escolar de California luego de decidir que no servía como administrador. Soy maestro y quería volver al aula. Me senté, y él me preguntó: "Buscaglia, ¿qué querría estar haciendo dentro de cinco años?" En el acto, y sin vacilaciones, le respondí:

"Me gustaría dictar un curso sobre el amor". Se produjo una pausa, un silencio como el de ustedes en este instante. Luego él se aclaró la garganta y agregó: "¿Y qué más?"

Dos años más tarde me encontraba dictando ese curso. Tenía veinte alumnos. Hoy en día tengo doscientos, y una lista de espera de seiscientos. La última vez que inauguramos el curso hubo un lleno completo en los primeros veinte minutos del período de inscripción. Eso les demuestra el profundo entusiasmo que despierta un curso sobre el amor.

Nunca deja de sorprenderme el hecho de que cada vez que la Comisión de Política Educativa se reúne para determinar los objetivos de la educación norteamericana, el primero que fijan es siempre la autorrealización o autoactualización. Sin embargo todavía espero encontrar una materia, desde la escuela primaria hasta los cursos de posgrado, que se ocupe de temas como: "¿Quién soy yo?", "¿Para qué estoy aquí?", "?Cuál es mi responsabilidad frente al hombre?" o, si lo prefieren, "El Amor". Que yo sepa, éste es el único establecimiento educativo del país, y posiblemente del mundo, que ofrezca un curso denominado "El Amor", y yo soy el único profesor suficientemente loco como para dictarlo.

Yo no enseño en esta clase, sino que aprendo. Nos sentamos sobre una enorme alfombra y conversamos durante dos horas. Generalmente continuamos hasta la noche pero como mínimo permanecemos las dos horas formales, y compartimos nuestros conocimientos partiendo de la premisa de que el amor se aprende. Psicólogos, sociólogos y antropólogos nos han dicho durante años que el amor se aprende. No es algo que suceda espontáneamente. Nosotros creemos que sí lo es, y de ahí surgen tantas diferencias en el terreno de las relaciones humanas. Pero, ¿quién nos enseña a amar? Un ejemplo sería la sociedad en que vivimos, y eso ciertamente varía. Nuestros padres nos han enseñado a amar. Ellos son nuestros primeros maestros, aunque no siempre los mejores. No podemos exigirles que sean perfectos. Los hijos siempre crecen esperando que sus padres sean perfectos; después se desilusionan y se *enojan* cuando se dan cuenta de que esos pobres seres humanos no lo son. Tal vez lo más importante de llegar a la adultez sea que cada uno de nosotros pueda ver a esas dos personas, que lo han criado, ese hombre y esa mujer, como seres comunes y corrientes, con sus problemas, sus conceptos erróneos, su ternura, su alegría, su pesar y sus lágrimas, y aceptar que son sólo seres humanos. Y lo notable es que, si *hemos* aprendido el amor de estas personas y de la sociedad, podemos olvidarlo y volver a aprenderlo. Por lo tanto, existen grandes esperanzas para todos nosotros, pero en algún momento de la vida hay que aprender a amar. Creo que muchas de estas cosas están en nuestro interior, y nada de lo que vaya yo a decirles será sorprendentemente novedoso. Lo que van a encontrar aquí es a alguien que tendrá el coraje de enfrentarlos a todos ustedes y decir, para quizá liberar en el interior de cada uno la siguiente afirmación: "Eso mismo siento yo, y ¿acaso es tan malo sentir así?"

Hace cinco años, cuando comencé a hablar del amor, me encontraba muy solo. Recuerdo una oportunidad, y algunas personas de esta audiencia estuvieron también presentes, cuando me trabé en discusión con un colega de otra universidad respecto de la incidencia de la modificación del comportamiento en el afecto. Después de pasar yo largo rato gritando y clamando en nombre del amor, este caballero me dijo: "Buscaglia, usted es totalmente irrelevante". Creo ser el único ser humano que posee la singular distinción de ser irrelevante. ¡Y es fantástico! Pero ya no me siento tan solo, puesto que encuentro tantas personas volcándose al afecto y estudiándolo.

Uno de los momentos más significativos para mí fue encontrar el libro de Leonard Silberman, *Crisis en el aula*. Si no lo han leído, léanlo; es estupendo. Probablemente sea uno de los textos más importantes en educación. Ya está incluso en la lista de *best sellers*. El que sienta interés por los niños debe leer la obra de Silberman, como también los padres. Debería estar al alcance de todo el mundo. Este libro es el resultado de una beca Carnegie otorgada a su autor, sociólogo y psicólogo, para que verificara el estado actual de la educación en nuestro país. Silberman llega a la conclusión de que, considerando que en los Estados Unidos la educación es para todos, la estamos practicando notablemente bien en lo relativo a la lectura, la escritura, la matemática y la ortografía. En eso somos muy buenos. Pero fracasamos estrepitosamente en enseñar a los individuos a comportarse como seres humanos. Con sólo mirar a nuestro alrededor podemos corroborarlo. Decididamente, hemos estado poniendo el acento en la sílaba equivocada.

Durante mi primer año en la Universidad de California del Sur me hallaba yo dictando un curso. Hay un hecho sorprendente, que me imagino ustedes también habrán experimentado: se reciben vibraciones de parte del público. Ciertas cosas suceden entre uno y el público si se habla con sentimiento. Sería maravilloso tener siempre grupos poco numerosos para sentarnos, conversar de veras y relacionarnos, en vez de estas reuniones multitudinarias. No obstante, entre los espectadores siempre hay algunos rostros que sobresalen, ciertos cuerpos que vibran. Llegan hasta uno y uno llega a ellos. De tanto en tanto, cuando necesitamos apoyo, los miramos fijamente y recibimos una sonrisa que dice: "Sigue, hombre, que lo estás haciendo bien". Entonces uno se siente capaz de cualquier cosa. Bueno, yo tenía una persona así en ese curso, una hermosa jovencita. Siempre se sentaba en la sexta fila y asentía todo el tiempo. Cuando yo decía algo ella musitaba: "¡Oh, sí!", tomaba apuntes, y yo pensaba: "Realmente me estoy comunicando con ella. Entre nosotros está sucediendo algo maravilloso. Ella está aprendiendo", etcétera. Pero un día dejó de venir. No se me ocurría qué podía haberle pasado y la busqué durante un tiempo. Finalmente le pregunté a la prefecta de mujeres, y ella me dijo: "¿No se enteró? Esta chica, cuyos trabajos eran absolutamente brillantes, se fue a Pacific Palisades, una zona con altos acantilados que caen al mar. Estacionó su auto, se bajó y se tiró desde los acantilados a las rocas de abajo". Esto todavía me afecta y me hace reflexionar: ¿Por qué nos dedicamos a llenar a las personas de datos, olvidándonos de que son seres humanos?

Hace poco Carl Rogers dijo esto mismo con respecto al tema del desaprovechamiento de oportunidades:

*Ustedes saben que yo no creo que nadie haya enseñado
jamás nada a otra persona. Yo cuestiono la eficacia de la
enseñanza. Lo único que sé es que, si alguien quiere
aprender, aprenderá. Quizás un maestro sólo sea una
persona que facilita, que coloca cosas delante de la gente y
muestra cuán emocionantes y maravillosas son, incitando a
probarlas.*

Eso es lo único que se puede hacer. Nadie puede
obligar a otro a probar. Ningún maestro le ha enseñado
nada a nadie. El hombre aprende solo. Si tomamos la
palabra "educador", vemos que proviene del latín *educa-
re*, que significa guiar, conducir. Eso es lo que significa,
guiar, manifestar entusiasmo uno mismo, comprender uno
mismo, poner todo el material delante de los demás y decir:
"Miren qué maravilloso es. Vengan y prueben conmigo".
Recuerdo lo que afirmó cierta vez Auntie Mame: "La vida
es un banquete, y la mayoría, pobres tontos, se están
muriendo de hambre". Ahora resulta más fácil hacerse esta
clase de planteos porque más personas como Silberman
expresan la misma inquietud, y uno ya no parece tan loco.

Sorokin, un gran sociólogo, en el prólogo de su libro
*Los caminos y el poder del amor*, hace el siguiente comentario.

*Las mentes sensatas, nuestras mentes, no creen en lo más
mínimo en el poder del amor. Nos parece algo ilusorio, al
que denominamos autoengaño, opio de los pueblos, pensamientos idealistas e ilusiones que nada tienen de científico.
Tenemos prejuicios contra todas las teorías que tratan de
demostrar el poder del amor dentro de otras fuerzas
positivas para determinar la personalidad y el comporta-*

*miento humanos, para influir sobre el curso de la evolución
biológica, social, moral y mental, para modificar el flujo de
los acontecimientos históricos, para modelar las instituciones
sociales y las culturas.*

Luego pasa a demostrarnos con estudios científicos
que realmente *es* así.

¡Qué pena si creen que lo único que existe es lo que
puede comprobarse estadísticamente! Sentiría mucha lástima por ustedes si se rigieran solamente por lo que pueden
medir, porque a mí me intriga lo inconmensurable. Me
intrigan los sueños, no sólo lo que está aquí. No me
interesa en absoluto lo que hay aquí ya que puedo verlo.
Está bien, mídanlo si quieren pasarse la vida midiéndolo,
pero a mí me preocupa lo que está *más allá, afuera.* Hay
tantas cosas que no vemos, no tocamos, no sentimos, no
entendemos.

Damos por supuesto que la realidad es la caja donde
nos metieron, y les aseguro que no lo es. Alguna vez abran
la puerta, miren afuera y vean cuánto hay. Los sueños de
hoy serán la realidad del mañana. Sí, hemos olvidado cómo
se hace para soñar.

Buckminster Fuller vino hace poco a nuestro *campus.*
Ese maravilloso anciano se paró delante de nosotros solamente con un pequeño micrófono, sin apuntes, sin pizarrón, sin ayudas audiovisuales, y cautivó a su auditorio de
tres o cuatro mil espectadores durante tres horas y cuarto,
sin respirar. Dijo cosas maravillosas sobre la esperanza y el
futuro, y su última aseveración fue: "Tengo enormes
esperanzas en el mañana. Esta confianza mía se asienta en
tres cosas: la verdad, la juventud y el amor". Luego dejó el

micrófono y bajó del escenario. La verdad, la juventud y el amor. Ésa es nuestra esperanza para el mañana.

Creo que la gente está comenzando a reparar en aquello llamado amor. Y lo hacen ahora sin vergüenza. Dicen: "Quizá tendríamos que recuperarlo". Silberman afirma: "Lo que necesitamos es afecto. Los colegios son sitios tristes que asfixian a los niños, destruyendo su alegría y creatividad". Deberían ser los lugares más felices del mundo porque, como ustedes saben, el mayor placer es aprender. Es algo fantástico porque cada vez que se aprende algo nos convertimos en una persona nueva. Es imposible aprender algo sin readaptar todo lo que uno es alrededor de lo nuevo que se ha aprendido. Por eso quiero hablarles sobre lo que yo creo que es una persona que ama. Podría decir el maestro que ama, pero no me gusta. Uno no sólo es maestro sino también ser humano. Los niños pueden identificarse con personas, con seres humanos, pero les resulta sumamente difícil identificarse con maestros. Cuando comenzamos a comportarnos como maestros nos damos cuenta de que decimos muchísimas cosas que desearíamos no haber dicho.

Preparamos maestros todo el tiempo y egresan como bellos seres humanos. Después los ponemos al frente del aula, ¿y saben ustedes lo que vuelven a contarnos?: "Todo el tiempo digo esas cosas horribles que odiaba que dijeran mis maestros". Caminamos a grandes pasos por el aula y hablamos constantemente porque somos los maestros. Y todavía nos creemos la falacia de que enseñamos algo. Los chicos aprenderán. Lo único que hace falta es guiarlos; ésa es nuestra tarea primordial.

Los planes de educación no sirven porque no ayudan a

los maestros a desprenderse de su rol y convertirse en seres humanos, a comprender que son guías. En la medida en que reconozcan esto tendrán éxito frente al aula ya que un niño es capaz de reconocer un guía. Voy a expresar algunas ideas acerca de quiénes son las personas que aman. Si ustedes desean aplicarlas a sus maestros que aman, háganlo; pero queda librado a su juicio. A mí me interesa más quién es la persona que ama.

Primero y principal, creo que lo más importante es que la persona que ama, es aquella que se ama a sí misma. Algunos podrán preguntar qué quiero decir con esto. No me estoy refiriendo a tener un gran ego. No digo que haya que pararse frente al espejo y preguntarle: "Espejito, espejito mío, ¿quién es la más bella del mundo? Tienes razón, espejito". Ustedes saben que no es eso lo que afirmo al decir que hay que amarse a sí mismo. Hablo de una persona que se quiere a sí misma porque comprende que sólo se puede dar lo que uno tiene, y más vale que nos propongamos tener algo. Si deseamos ser los individuos más educados, brillantes, versátiles y creativos del mundo es porque así podemos entregar todo eso. La única razón para tener algo es poder darlo después.

Es una tontería afirmar: "No puedo enseñarles nada que no sepa". Y sin embargo tenemos que decirlo. Si me voy a parar frente a una clase, me conviene saber algo o tener algo que decir. Si voy a dictar un curso sobre dificultades del aprendizaje, debo conocer a fondo el tema. Sólo puedo enseñar lo que he aprendido. Por lo tanto, si pretendo ser un eminente profesor de dificultades del aprendizaje, tendré que conocer todo lo referido al tema. Y lo maravilloso es que puedo enseñarles a los presentes en esta habitación todo lo que sé, y aun así no haber perdido nada, puesto que seguiré sabiendo todo lo que sabía. De modo que no es cuestión de desprenderse de algo sino de compartirlo. Fuiler lo dijo las otras noches: "Para enseñarles todo lo que sé precisaría solamente quince horas". Imagínense a esta mente tan lúcida y fantástica: "En quince horas podría enseñarles todo lo que sé". Y si lo hace, no perderá su caudal de conocimientos.

Lo mismo ocurre con el amor. Yo podría amar a todos los aquí presentes si tuviera la oportunidad de conocerlos, con igual intensidad, y todavía me quedaría la misma cantidad de amor y la misma capacidad de amar que poseo en este instante. No habría perdido nada. Pero primero debo tenerlo. Si mi amor es neurótico, posesivo, enfermizo, lo único que podría transmitirles sería un amor neurótico, posesivo y enfermizo. Si mi dominio de algún tema es amplio e inconmensurable, eso puedo entregárselo a ustedes. Por ende, mi responsabilidad para conmigo mismo es crecer, atesorar sabiduría, amor, comprensión, experiencia, todo lo que pueda luego entregarles para que lo asimilen y construyan a partir de ahí.

Nadie asiste a mis clases de amor más de un año. Es un curso anual. Ustedes reciben lo que yo les doy, lo agregan a lo que ya poseen, salen y hacen algo hermoso. Para mí, la personalidad, por ejemplo, no es sólo aquello que describe el psicólogo, el sociólogo o el antropólogo como personalidad, sino también algo que durante mucho tiempo no hemos visto. Ese algo es la singularidad. Todos somos individuos únicos, que tenemos en nuestro interior un factor X, a falta de un nombre más apropiado, algo que es solamente nuestro, que nos hace distintos a todos los.

demás, que nos hace ver de manera diferente, sentir y reaccionar de manera diferente también. Creo que cada uno de nosotros lo tiene y sólo espero que alguna vez hayan conocido a alguien que les haya ayudado a desarrollarlo, puesto que la esencia de la educación no es atiborrarlos de datos sino ayudarlos a descubrir su singularidad, enseñarles a desarrollarla y luego mostrarles cómo hacer para compartirla.

Imagínense cómo sería el mundo si todos los aquí presentes tuviesen la oportunidad de que se los alentara en su singularidad. ¿Saben la impresión que tengo? Que el fundamento de nuestro sistema educativo es convertir a todos iguales a los demás. Y cuando lo logramos nos consideramos muy afortunados. ¡Eso es lo que ocurre todo el tiempo! "No me interesa tu singularidad sino que quiero saber si he logrado que te me entregues, y en la medida en que me hables como un loro habré tenido éxito como maestro".

Siempre relato el cuento de la escuela de animales, una historia fabulosa que los educadores utilizan desde hace años. Todos nos reímos, pero nunca hacemos nada por cambiar las cosas. Un conejo, un pájaro, un pez, una ardilla, un pato, etcétera, se reunieron para fundar un colegio y se sentaron a redactar el programa de estudios. El conejo quiso que en el programa se incluyera la carrera. El pájaro quiso que se incluyese la técnica de volar. El pez, la natación. La ardilla insistió en que debía agregarse el modo de trepar a los árboles en forma perpendicular. Los demás animales también quisieron incluir su especialidad en el programa, de modo que anotaron todo y cometieron el glorioso error de exigir que todos los animales cursasen la totalidad de las materias. El conejo era excelente en carrera; nadie corría tan bien como él, pero le exigieron que aprendiera a volar como conveniente disciplina intelectual y emocional. Lo subieron entonces a un árbol y le ordenaron: "¡Vuela, conejo!" y el pobrecito se largó, se quebró una pata y se fracturó el cráneo. Quedó con una lesión cerebral y ya no pudo correr bien, de manera que en vez de obtener la máxima calificación en carrera, obtuvo una inferior, y sacó la mínima en vuelo puesto que estaba aprendiendo. Y el consejo de estudios estaba feliz. Lo mismo le sucedió al pájaro. Era capaz de volar por todas partes, dar volteretas, y sacaba la nota más alta, hasta que le pidieron que cavara hoyos en la tierra como un topo. Por supuesto que se quebró las alas y el pico, y no pudo volar más, pero sus maestros se contentaron con bajarle la calificación en vuelo, y así sucesivamente. ¿Y saben quién fue el alumno que dijo el discurso de despedida en la graduación? Una anguila retardada mental porque podía hacer casi todo relativamente bien. El búho abandonó los estudios y ahora vota en contra de todos los impuestos que quieran implantarse para promover la educación.

Sabemos que esto está mal, y sin embargo nadie hace nada al respecto. Uno puede ser un genio, uno de los mayores escritores del mundo, pero no puede ingresar en la universidad porque no aprueba trigonometría. ¡Con qué objeto! No se puede egresar de la secundaria sin haber aprobado esto y lo de más allá. No se puede egresar de la primaria sin haber aprendido a hacer esto y aquello. No importa quién es uno. Escuchen estos nombres de personas.

que abandonaron los estudios: William Faulkner, John F. Kennedy, Thomas Edison. No pudieron enfrentar el colegio; no lo soportaron. El pájaro dice: "No quiero aprender a trepar árboles en forma perpendicular. Soy capaz de volar hasta la copa del árbol sin necesidad de hacer eso". Y le responden: "No importa; se trata de una buena disciplina intelectual".

Como individuos no debemos contentarnos sólo con ser iguales a los demás. Debemos oponernos al sistema. Por ejemplo, los profesores de dibujo. (No tengo nada contra ellos, pobres diablos). Recuerdo cuando venían a nuestra aula, en la escuela primaria, y seguramente ustedes tampoco lo habrán olvidado. Primero nos daban un papel, colocaban una hoja en blanco en el pizarrón y uno se emocionaba. Había llegado la clase de dibujo. Teníamos todos los crayones ante nuestros ojos y cruzábamos las manos mientras esperábamos. Entonces entraba precipitadamente una mujer vieja y agobiada que ese mismo día había dictado catorce clases de dibujo. Entraba corriendo con el sombrero torcido, jadeante, y decía: "Buenos días, alumnos. Hoy vamos a dibujar un árbol". Y todos los niños pensaban: "¡Fantástico, vamos a dibujar un árbol!" Luego ella tomaba un crayón y dibujaba una enorme cosa verde, le agregaba una base marrón y unas hojitas de pasto, y decía: "Éste es el árbol". Los niños lo miraban y protestaban: "Eso no es un árbol; es un chupetín". Pero ella afirmaba lo contrario. Después repartía los papeles y ordenaba: "Ahora dibujen un árbol". En realidad no decía "dibujen un árbol" sino "dibujen *mi* árbol". Y cuanto antes uno se percatara de que quería decir eso y pudiera reproducir ese chupetín y entregárselo, más pronto obtendría la máxima calificación.

Pero había un niñito que sabía que eso no era un árbol porque había visto un árbol de un modo en que esa profesora de arte jamás había experimentado. Se había caído de un árbol, había mascado un árbol, lo había olido, se había sentado en sus ramas, había oído soplar el viento entre sus hojas, y sabía que el árbol de ella era un chupetín. Por consiguiente tomó un lápiz azul, otro naranja, otro rojo y otro verde, y con ellos pintó toda la página, y muy contento se la entregó a la maestra. Ella miró el dibujo y exclamó: "Dios mío, este chico tiene una lesión cerebral. Que vaya a un curso diferencial".

Cuánto tiempo demoramos en comprender que lo que realmente nos dicen es: "Si quieres pasar tienes que copiar mi árbol". Y así transitamos por la escuela, la universidad y los cursos de seminarios de posgrado. Yo dicto seminarios de posgrado. Es sorprendente comprobar cómo a esa altura el alumno ya ha aprendido a repetir como loro. Consignan los datos al pie de la letra, tal como se los dan. Y no se puede echarles la culpa porque eso es lo que les han enseñado. Cuando se les pide que sean creativos, se asustan. Entonces, ¿qué ocurre con nuestra singularidad, qué ocurre con nuestro árbol? Se ha perdido irremediablemente. Todos son como los demás, y así estamos contentos. R. D. Laing afirma: "Quedamos satisfechos cuando hemos convertido a nuestros hijos en personas como nosotros: frustrados, enfermos, ciegos, sordos, pero con un alto coeficiente intelectual".

La persona que ama no se conforma con ser única ni con luchar para mantener esa condición. Pretende ser la mejor porque sabe que eso lo puede compartir. No sé cuántos de ustedes están familiarizados con las obras de R. D. Laing. *La política de la experiencia* es uno de los obsequios más maravillosos que puedo hacerles. Es un librito increíble. En él se habla del potencial humano y de la forma de desarrollarlo. Laing hace un planteo que me parece de lo más bello que jamás haya leído. Y no lo subraya ni lo destaca. Dice así:

*Pensamos mucho menos de lo que sabemos. Sabemos mucho menos de lo que amamos. Amamos mucho menos de lo que existe. Y hasta este punto exactamente, somos mucho menos de lo que somos.*

¿Qué les pareció?

Cosas sumamente interesantes están ocurriendo en todo el país. Se han creado institutos para el desarrollo de la persona. Herbert Otto, Fitzgerald y Carl Rogers lo están haciendo sin recibir pago alguno. Están fundando institutos y viviendo de las regalías de sus libros para ayudar a la gente a desarrollar nuevamente su potencial, porque si no, estamos perdidos. Esto es lo que propugna Fuller: "Retornemos a nosotros mismos". Poseemos una capacidad potencial de ver, de sentir, de tocar, de oler que jamás hubiéramos sospechado. Pero hemos olvidado cómo se hace. Éstas son las cosas que debemos hacer si nos amamos a nosotros mismos.

Hace unos siete años tuve una experiencia inigualable. Vendí todo. Hice algo que todos calificaron como una locura total. Vendí todas aquellas cosas a las que nuestra cultura asignaba valor: el equipo de alta fidelidad, los discos, los libros, la póliza de seguro, el auto, reuní un poco de dinero y me pasé dos años recorriendo el mundo. La mayor parte del tiempo estuve en Asia porque era el sitio que menos conocía. Dos tercios del mundo no pertenecen a la esfera occidental. Esa gente piensa, siente y comprende en distintas formas. Se aprende mucho sobre uno mismo y sobre la condición humana saliendo de nuestro ambiente occidental, comprobando que existen personas y regiones donde ni siquiera se conoce a Jesús. Hay lugares donde no tienen ni idea de lo que piensa, hace y siente nuestra cultura occidental. Y ésos son los pueblos con los que nos enfrentamos en conflictos. Su lenguaje no es el nuestro. Sus sentimientos no son los nuestros. Y sin embargo yo aprendí muchísimo recorriendo esos países.

Viví una experiencia única cuando estaba en Camboya. Me hallaba en Angkor Wat contemplando las maravillosas ruinas budistas. Son fantásticas. Enormes cabezas de Buda devoradas por higueras de Bengala, monos meciéndose en el aire, todo salvaje, hermosísimo, ruinas como nunca las hemos soñado … un mundo absolutamente nuevo para nosotros. Allí conocí a una francesa que se quedó en el país cuando se marcharon sus compatriotas. Ella me dijo: "Leo, si realmente deseas saber qué es Camboya, no te sientes aquí en las ruinas. Esto está muy bien, pero tienes que salir y observar a la gente. Has venido en el momento más oportuno porque se avecinan los monzones, que cambian el modo de vida. Te aconsejo ir al Tonle Sap" (si recuerdan sus clases de geografía, es un gran lago que abarca la mayor parte del país). "Verás a la gente ocupada en algo muy interesante. Cuando llegan los monzones, las intensas lluvias barren con sus casas y se llevan todo lo que tienen. Entonces la gente se sube a unas balsas comunitarias, en grupos de varias familias. Las lluvias hacen crecer los ríos, las balsas suben y ellos siguen viviendo, pero en comunidad". Me pregunté si no sería maravilloso que pudiéramos vivir juntos seis meses por año. Supongo que pensarán: "¿Quién diablos quiere vivir con mi vecino?" Pero quizá sería hermoso convivir con él y volver a aprender a depender de los demás. Qué bello es decirle a alguien: "Te necesito" Creemos que para ser adultos debemos ser independientes y no necesitar de nadie. *Por eso es que nos estamos muriendo de soledad.* ¡Qué extraordinario es sentirse necesitado! Sentir la necesidad y ser capaz de decirle a alguien: "Te necesito". Yo no tengo reparos en confesar que necesito de ustedes, de cada uno de ustedes. Lamentablemente nuestras vidas sólo se rozan ocasionalmente. No obstante, las experiencias más notables de la vida son cuando las vidas se entrecruzan y dos seres humanos pueden llegar a comunicarse.

Los camboyanos aprenden esto muy pronto; la naturaleza se los enseña. La naturaleza es un gran maestro. No tenemos más que releer *Walden* y recordar la maravillosa cita de Thoreau: "Oh, Dios, llegar al punto de la muerte sólo para comprobar que nunca has vivido en lo más mínimo". Piénsenlo. Bueno, el hecho es que allá fui yo en bicicleta, y los encontré. Pensé que me habría gustado ayudarlos a mudarse para integrarme a su comunidad. La francesa con quien estaba conversando se rió y me dijo: "Ve y ayúdalos a mudarse". ¿Qué cosas tienen esas personas para acarrear? La naturaleza les ha enseñado que lo único que poseen es su cuerpo, de pies a cabeza ... sus personas. Ningún objeto. No pueden juntar cosas porque todos los años vienen los monzones y no hay sitio adonde puedan llevar esos objetos. No pude evitar reflexionar: "Qué harías tú, Buscaglia, si una tempestad azotara Los Ángeles la semana próxima? ¿Qué te llevarías? ¿Tu televisor en colores? ¿Tu auto? ¿La escupidera que te dejó la tía Matilda?" Lo único que tienes que llevar es tu propia persona. En Los Ángeles tenemos terremotos de los que indudablemente ustedes habrán oído hablar. Es una sensación inédita, se lo garantizo, comprobar que uno no sabe adónde va a ir a parar, ni cómo quedará su casa.

Hace muy poco sufrimos en Los Ángeles un fuerte temblor que afectó enormemente mi casa. Se nos cayó el techo del living, la chimenea se desplomó, nos quedamos sin agua. Y de pronto eso nos enseñó el valor de las cosas. Una vez más comprobamos que las cosas son estúpidas, que lo único que tenemos es a nosotros mismos. Salí de mi casa mientras a mi alrededor todo se venía abajo. Era el amanecer y había una luz tenue en el firmamento. De repente, en una fracción de segundo, tomé conciencia de que este hermoso mundo va a continuar con o sin mí. Y en cuanto a mi persona, bendito sea el temblor que me lo hizo recordar.

Los filósofos y psicólogos han venido diciéndonos esto durante años: "Tú eres lo único que tienes. Por lo tanto, conviértete en la persona más bella, tierna, fantástica y maravillosa del mundo. Entonces, sobrevivirás". ¿Recuerdan a Medea, la de la tragedia griega? En esa notable obra, cuando todo se ha perdido el oráculo le pregunta: "Medea, todo ha sido destruido; ha desaparecido todo, ¿qué es lo que queda?" Y ella responde: "Quedo yo." ¡Ésa es una mujer! "¿Qué significa eso de qué queda? Queda todo. ¡Yo quedo!" Cuando comencemos a reconocer nuestra importancia recobraremos el respeto por nosotros mismos, nos querremos más, comprenderemos que todas las cosas parten de nosotros, y así seremos capaces de dar todo a los demás. Habremos llegado entonces a un punto muy importante porque si uno no siente gusto por su propia persona, siempre puede aprender a lograrlo. Podemos crear una nueva persona. Si no les gusta el escenario donde están colocados, construyan uno nuevo. Si no les gusta el elenco de personajes con quienes se manejan, aléjense de ellos y empiecen con un grupo nuevo. Pero son *ustedes* quienes deben hacerlo. De modo que éste es el punto número uno, y si no agregáramos nada más, yo creería desde el fondo de mi corazón que igualmente les he dejado algo. Hay que volver a uno mismo.

Saint-Exupéry incluye una frase magnífica en uno de sus libros: "Tal vez el amor" (pueden reemplazarlo si quieren por educación) "sea el proceso por el cual yo te conduzca delicadamente de regreso a ti mismo". Yo no tengo una definición del amor, pero ésta me parece casi la más perfecta que he escuchado. Llevarte de vuelta delicadamente hasta ti mismo, no a quien yo quiero que seas, sino a quien eres.

No sé cuántos de ustedes conocen la librería City Lights de San Francisco, pero es un sitio increíble; si alguna vez van por allí, deben visitarla. Tiene tres pisos llenos de libros de todas clases. Pero además tiene una sección totalmente única. Allí se venden los manuscritos de gentes como ustedes y como yo, escritores o poetas frustrados. Un sector está dedicado a la poesía. Lo único que hay que hacer es mimeografiar el trabajo, abrocharlo, colocarlo en el estante y poner un cartelito: "cinco centavos, por favor" para cubrir el costo del papel. Después sólo hay que esperar que la gente lo compre y lo lea.

Estaba recorriendo un día ese lugar y vi un libro con un título que me impactó. Se habían impreso sólo quinientos ejemplares; después les explicaré cómo ocurrió. El título del libro era: *No soy ni un sacrilegio ni un privilegio. Quizá no sea competente ni excelente. Pero estoy presente.* Parecía mirarme desde la estantería, directamente a los ojos. Yo pensé: ¡Bueno, te lo mereces! Abrí el libro y me enteré de que estaba escrito por una jovencita llamada Michelle; ella era la autora de los dibujos y los poemas. Me puse a leerlo del modo habitual, esquivando el prefacio y todo lo demás para llegar al fondo del tema. Así fue como encontré un poema que me atrajo. Decía esto:

*Mi felicidad soy yo, no tú.*
*No sólo porque tú puedas ser temporario,*
*sino también porque tú pretendes que sea lo que no soy.*

Piensen esto en términos de un educador.

*No puedo ser feliz cuando cambio*
*meramente para satisfacer tu egoísmo.*
*Tampoco puedo sentirme satisfecha cuando me criticas*
*por no pensar o por no ver como lo haces tú.*
*Me llamas rebelde.*
*Y sin embargo cada vez que he rechazado tus creencias*
*te has rebelado en contra de mí.*
*Yo no trato de moldear tu mente.*
*Sé que estás tratando fervientemente de ser tú mismo.*
*No puedo permitirte que me indiques lo que debo ser*
*porque estoy dedicada a ser yo misma.*

Ahora escuchen esta línea:

*Decías que yo era transparente y fácilmente olvidable.*
*Pero entonces, ¿por qué trataste de usar mi vida*
*para demostrar quién eras tú?*

Piensen en eso como maestros. Piensen en eso como amantes. Piensen en eso como ciudadanos, como padres y madres. Se aplica a todo. "Decías que yo era transparente y fácilmente olvidable. Pero entonces, ¿por qué trataste de usar mi vida para demostrar quién eras tú?"

Después me puse a averiguar quién era Michelle. Y encontré estas palabras en el prólogo:

*¡Michelle! Estuviste con nosotros tan poco tiempo antes de*
*elegir esa playa bañada por la niebla para continuar tu*

*camino... Ocurrió en julio de 1967 y tú tenías sólo 20 años.*

*Nos dejaste veinticinco poemas. Se te hizo demasiado difícil "ser tú misma".*

*Esperamos presentar estos poemas como tú lo deseabas, Michelle. Estás presente, te amamos y te necesitamos, y prometemos recordarte hasta que volvamos a reunirnos nuevamente... San Francisco, julio de 1969.*

Creo que el segundo punto en importancia sobre una persona que ama es que se libera de los rótulos. El hombre es una criatura increíble, realmente increíble. Es capaz de hacer cosas maravillosas. Posee una mente fantásticamente creativa. Creó el tiempo pero luego se vio sometido al tiempo. Yo tengo que vigilar constantemente el reloj porque a cierta hora se va a servir el café, y a cierta hora ingresarán ustedes aquí, y se supone que a cierta hora se irán a almorzar. Y es el mediodía y ustedes no tienen hambre pero comen porque es la hora del almuerzo. Y están sentados en un aula (lo mismo ocurre en las escuelas primarias y secundarias), disfrutando de una clase. Entonces suena el timbre y todo el mundo sale corriendo. "Son las siete. Lo siento, pero tengo que dejarte". Si una madre está sentada en mi oficina llorando y rechinando los dientes y tengo a alguien esperando afuera, debo decirle a esta madre: "Lamento mucho, pero deberá interrumpir su historia por la mitad. La veo mañana a las ocho".

Tenemos aulas que se rigen por esto ... la educación gobernada por el reloj. De 9 a 9:05, puesta en común de temas. De 9:05 a 9:30, Grupo Uno de Lectura. De 9:30 a 9:45, Grupo Dos de Lectura. Y el Grupo Uno puede estar excitadísimo con algo, pero el profesor les dice: "Dios mío, son las nueve y media. Prepárese el Grupo Dos". Nadie aprende con el reloj. Nadie aprende en bloques. No existe la hora de aritmética. No existe la hora de ortografía. Se aprende todo junto. Pero sin embargo seguimos igual. Luego habrá que pensar en la ortografía, y después en el movimiento occidental. Seguimos haciendo esas cosas. Inventamos el tiempo y luego nos convertimos en esclavos de él.

También creamos las palabras, y se supone que ellas han de liberarnos, que nos permitirán comunicarnos. Pero en cambio se transforman en cajas y bolsas que nos apresan. Por eso me resultó tan maravilloso oírle comentar a Buckminster Fuller: "Me sentía tan envuelto por las palabras tal como me las habían enseñado otras personas, que me fui a vivir a un *ghetto* de Chicago, lejos de mi familia y mis amigos, durante dos años, para limpiar mi mente de palabras y hallar aquellas que se adecuaban a mí, de modo que cuando las pronunciara supiese que eran mías y no de otra persona". Qué fantástica aseveración. Y ahora él adora las palabras pero nosotros nos hemos quedado atrapados en ellas.

Recuerdo cuando Timothy Leary se encontraba haciendo un notable trabajo sobre psicolingüística en Harvard. Dijo algo que jamás olvidaré: "Las palabras son el congelamiento de la realidad". Enseñamos a los niños el significado de las palabras antes de que sean capaces de comprenderlas cabalmente y rebelarse. Y con palabras les enseñamos el temor, el prejuicio, todo tipo de cosas. Y hablando de las palabras como un fenómeno distanciador, lo único que habría que hacer sería decir: "Cuidado con ese tipo Buscaglia porque está en la lista; es comunista". Y terminarían conmigo. Y todo lo que yo dijera pasaría por el filtro de esa palabra: comunista. Sin embargo, una universidad del Este realizó una investigación sobre el significado del término "comunismo". Salieron a preguntarle al hombre común: "¿Podría definirme el comunismo?" Y algunas personas demostraban un miedo tremendo. Deberían leer ese estudio porque es graciosísimo. Una mujer dijo: "Bueno, no sé muy bien lo que significa, pero más vale que no haya ninguno en Washington". Ahí tienen una buena definición del comunismo; y eran todas del mismo calibre. Si uno es comunista lo van a echar de la ciudad. y no sabemos siquiera lo que significa. Lo mismo ocurre con "negro", "chicano", "protestante", "católico", "judío". No hace falta más que oír el rótulo para que uno crea saber todo al respecto. Nadie se toma el trabajo de preguntar: "¿El comunista llora?" "¿El chicano siente?" "¿El católico comprende?" "¿El negro tiene esperanzas" "¿El judío ama a los niños?" *Palabras*.

Si eres una persona que ama, gobernarás a las palabras y no permitirás que ellas te gobiernen a ti. Sabrás lo que una palabra significa sólo luego de haberlo averiguado, no cuando alguien te diga su significado.

Cuando era niño tuve una interesante experiencia. Nací en Los Ángeles, de padres inmigrantes, italianos desde luego, y vivíamos en la ciudad, en el *ghetto* con los demás italianos. Fue algo hermoso. Cuando tenía un año mis padres tuvieron que regresar a Italia, y me llevaron con ellos. Retornaron a su pueblito, que se encuentra al pie de los Alpes suizo-italianos, llamado Aosta. Muchos trenes pasan por allí rumbo a Milán o Turín, pero no paran en

Aosta. Hay sólo uno que se detiene ahí. Recuerdo que, de chicos, solíamos ir a la estación a verlos pasar zumbando. Pero en esa aldea todos se conocían. El vino era lo más importante, de modo que siempre todos estaban completamente ebrios. Era hermoso. Lo notable era cómo todos se preocupaban por los demás. La sensación de proximidad. Si María se enfermaba, la gente le llevaba sus pollos y sus zapallos, le cuidaba los hijos, etcétera, porque era una comunidad de gente, de seres humanos. Cuando cumplí cinco años, mis padres decidieron volver a Los Ángeles, y así lo hicieron. ¡Qué shock cultural! De repente me metieron en una ciudad donde a nadie le importaba si yo vivía o me moría. Un dato interesante sobre los rótulos, es que en esa época la mafia estaba en su apogeo, y se creía que todos los italianos eran miembros de ella. A mí me decían "tano" y otras cosas. Los chicos decían: "Sal de aquí, tano mugriento". Recuerdo que fui a preguntarle a mi padre: "Papá, ¿qué es un tano?" "No te preocupes, hijo. La gente dice cosas. Te ponen apodos, pero eso no significa nada".

De todos modos, a mí me molestaba porque era un fenómeno distanciador, porque llamándome "tano" nunca aprendían nada sobre mí. Ellos no sabían, por ejemplo, que mamá era cantante de ópera en su país, y que papá era camarero. Teníamos una familia enorme, suficiente como para montar cualquier ópera. Ella se sentaba al piano, tocaba óperas enteras y nosotros representábamos los papeles. Cantábamos, y era hermosísimo. A los ocho años yo ya conocía cinco óperas y podía desempeñar cualquier rol. Pero ellos no lo sabían cuando me llamaban "tano".

Tampoco sabían que mamá creía que el ajo curaba

todos los males. Todas las mañanas nos hacía poner en fila, frotaba ajo en un pañuelo y nos lo ataba al cuello. Nosotros le decíamos: "Mamá, no hagas eso". Ella nos contestaba: "Cállate". Era una mujer muy cariñosa. Nos mandaba a la escuela con el ajo atado al cuello y apestábamos. Pero les voy a contar un secreto: jamás en la vida estuve enfermo. Mi teoría es que nadie se me acercaba lo suficiente como para contagiarme sus gérmenes. Recuerdo que al terminar la primaria me dieron un premio por no haber faltado ni un solo día. Ahora me he vuelto muy sofisticado, no llevo el ajo puesto y todos los años me pesco un resfrío. Ellos no sabían eso cuando me llamaban "tano".

Tampoco sabían que papá era un gran patriarca. Los domingos, cuando estaba en casa, nos sentábamos alrededor de una mesa inmensa, y nunca nos permitía levantarnos sin haberle contado algo que hubiésemos aprendido ese día. Primero nos lavábamos las manos, y yo les preguntaba a mis hermanos: "¿Qué aprendieron hoy?" "Nada". Entonces yo les decía: "¡Entonces nos conviene ir a aprender algo!" Tomábamos una enciclopedia y buscábamos algo así como que la población de Nepal era de un millón de personas, y lo pensábamos durante la comida. ¡Y hablando de las comidas! Jamás en la vida mi mamá preparó un almuerzo rápido. Recuerdo las fuentes, tan llenas que impedían ver a mi hermana del otro lado de la mesa. Cuando terminábamos de comer, papá empujaba su plato, se volvía hacia mí y decía: "Hijo, ¿qué aprendiste hoy?" Y yo le respondía: "La población de Nepal es de un millón..." ¡Y para ese hombre, nunca nada era insignificante! Se volvía hacia mi madre y le comentaba: "Mamá, ¿sabías que...?" Y nosotros los mirábamos y pensábamos que estaban locos. Y les preguntábamos a nuestros amigos: "¿Ustedes tienen que hablarles a sus padres sobre Nepal?" Ellos nos contestaban que a sus padres no les importaba si sabían algo o no. Pero quiero decirles un secreto. Incluso ahora, cuando me voy a la cama, aunque ese día haya trabajado treinta horas y me sienta exhausto, cuando me meto entre las sábanas, en ese instante glorioso antes de dormirme, me pregunto a mí mismo: "Felice, ¿qué has aprendido hoy?" Y si no puedo responder la pregunta, tengo que levantarme, tomar una enciclopedia y buscar algo nuevo para aprender.

Tal vez la educación consista en eso. ¿Quién sabe? Pero ellos no lo sabían cuando me decían "tano" y otras cosas. Si quieres saber algo de mí tienes que meterte dentro de mi cabeza, y si yo quiero saber algo de ti no puedo simplemente decir: "Es gorda. Es delgada. Es judía. Es católica". Seguramente eres mucho más que eso. Y aquellos de nosotros a quienes nos interesa la Educación Especial conocemos demasiado bien esos malditos rótulos. Llamamos a los niños retardados mentales. ¿Y eso qué nos dice? Jamás he visto a un niño retardado mental. Sólo he visto niños, todos diferentes. Les llamamos estudiantes y por lo tanto nos creemos capaces de pararnos al frente del aula y enseñarles de la misma forma. Los *rótulos*. La persona que ama se desprende de los rótulos para siempre.

También creo que el individuo que ama es aquel que aborrece el desperdicio y no soporta la hipocresía. Rosten afirma: "Los crueles son solamente los débiles. La bondad sólo puede esperarse de los fuertes". Es cierto. Necesitamos gente fuerte en el ámbito de la educación, que se atreva a decir: "Esto es hipócrita y no lo haremos más". Gente que esté dispuesta a introducir cambios porque de lo contrario nos destruiríamos. Es como marchar hacia la perdición. Enseñamos para el presente y ya estamos en el mañana. No es de extrañar, por ende, que estemos sumidos en un proceso de autodestrucción.

Quiero contarles una pequeña historia acerca de la hipocresía. En una época en que yo enseñaba a futuros maestros, trabajé con una joven que no sólo era maestra sino también el ser humano más hermoso que jamás haya conocido. Era tal su entusiasmo por entrar al aula que casi no lo toleraba. Finalmente le dieron su clase, ese día soñado que uno recuerda para siempre. Entró en el salón de primer grado y hojeó un bello libro titulado Guía Curricular. Para mí los libros son sagrados, pero no vacilaría un instante en armar la hoguera más grande del mundo con las guías curriculares. Bueno, esta chica abrió la guía y se enteró de que en primer grado de ese distrito de California (y esto sucedió hace sólo dos años) se habla del mercado. El m-e-r-c-a-d-o. "Imposible; no puedo creer que se enseñe eso", pensó. Estos niños se han criado en los supermercados. Han paseado en carritos por los supermercados desde que tenían dos o tres años. Han volteado latas de sopa. Han hecho todo tipo de locuras en los supermercados. Van ahí todos los días con su mamá. Y el tema dominante de esa unidad es "vamos al mercado".

"Bueno", se dijo. "Esto es imposible". Sin embargo, ahí lo tenía escrito en blanco y negro. Se le indicaba que se podían hacer muchas cosas. Se fabrica un mercado y se modelan bananas de arcilla. Los chicos han comido bananas verdaderas toda su vida, se han resbalado al pisar sus cáscaras, pero tienen que dedicar seis semanas a modelar bananas de arcilla. Un derroche de potencial humano. Igualmente ella se sentó porque era una buena maestra y se ponía de parte de los alumnos, y les preguntó: "Niños, ¿les gustaría estudiar el mercado?" Los chicos le contestaron que sería un asco. La moraleja de esta historia es que ahora las criaturas no son tan estúpidas como solíamos serlo nosotros. McLuhan nos demuestra que el término medio de los niños tiene cinco mil horas de televisión encima antes de llegar al jardín de infantes. Han visto morir gente y masacres. Después los llevamos a la escuela y tratamos de interesarlos y motivarlos leyéndoles cuentitos con moralina.

Entonces ella les preguntó qué querían hacer. Y uno de los niños dijo: "Mi papá trabaja en Jet Propulsion, y él podría traernos un cohete para instalar en el aula, lo haríamos funcionar y todos podríamos volar a la Luna". Sus compañeros se mostraron entusiasmados. La maestra lo pensó un instante y dijo: "Bueno, dile a tu papá que lo traiga". Y al día siguiente el niño trajo un cohete en miniatura, y lo instaló. Les explicó a sus compañeros lo que era, cómo funcionaba y lo que debían hacer, cuáles eran sus partes componentes. Y escribió el vocabulario en el pizarrón. ¡Esto sucedió en primer grado! Uno supuestamente no estudia las naves espaciales hasta llegar a la universidad. ¿Qué diablos van a estudiar en la universidad si son capaces de hacer esto en primer grado? Es terrible. ¡Tienen que ir al supermercado! Pero ustedes deberían haber visto lo que pasó. Aprendieron unos conceptos matemáticos increíbles. El sábado fueron de excursión a Jet

Propulsion y vieron los cohetes verdaderos. Sus mentes echaban humo.

También siento mucha pena por los supervisores que tienen que proteger esta Guía Curricular porque ése es su trabajo, pobrecitos. Quieren hacer algo mejor, pero su función es enseñar esos temas, y atenerse a ese libro. Por eso, la supervisora entró un día y paseó la vista por la habitación. Se encontró con un cohete espacial y cosas en las paredes que jamás había visto en un aula de primer grado, un vocabulario escrito que ni siquiera entendía a medias, fórmulas en el pizarrón y toda una suerte de cosas extrañas que los niños comprendían con la mayor facilidad. Y le preguntó a la maestra: "¿Dónde está el supermercado?" Y la maestra le respondió: "Bueno, los chicos querían volar a la Luna, de modo que preparamos...". La supervisora reaccionó: "Señora, ¿leyó usted la Guía Curricular? Ahí se especifica que la primera unidad en este distrito escolar es el mercado". Luego esbozó una amplia sonrisa porque era una mujer muy dulce, y agregó: "Usted lo *hará*, ¿no es cierto, querida?"

Entonces la maestra les preguntó a los alumnos: "¿Quieren que esté yo con ustedes el año que viene?" Y los niños dijeron: "Por supuesto que sí". "Bueno, entonces, hagamos un mercado". Y los chicos estuvieron maravillosos (como siempre que deben tratar con un ser humano). Aceptaron: "Fantástico. Pero hagámoslo pronto". ¡Así fue como desarrollaron una unidad de seis semanas en dos días! Apilaron cajas, modelaron bananas en arcilla y después, hipocresía sobre hipocresía, cada vez que se presentaba la supervisora, se acercaban a la caja registradora y decían: "¿Quiere usted comprar unas bananas de arcilla?" Y cuando ella se marchaba satisfecha, ellos seguían volando a la Luna. No podemos darnos el lujo de que esto siga sucediendo. Algún maestro tiene que levantarse y declarar: "No los llevaré a otro mercado. Si quiere llevarlos, vaya *usted*".

Creo también que la persona que ama es espontánea. Si hay algo que me gustaría, sería verlos a ustedes regresar a su espontaneidad inicial, la del niño que dice lo que siente y piensa. Que volvieran a mirarse nuevamente unos a otros. Estamos tan acostumbrados a regirnos por lo que la gente nos dice que deberíamos ser, que nos hemos olvidado de quiénes somos.

Emily Post nos aconseja: "Una joven no debe reírse estrepitosamente sino sofocar sus risitas". Pero yo les digo que, si quieren reírse y tirarse al piso, háganlo; vale la pena. "No hay de qué enojarse; los seres humanos no se enojan". ¡Uno se guarda todo adentro y después lo encierran en un asilo mental! Mucho mejor es, si uno no se siente bien, entrar en el aula y en vez de pasar el día con un nudo en la garganta, decir: "Niños, siéntense. Hoy pórtense bien porque estoy nervioso". Verán que los chicos pueden entenderlo y se moverán en silencio por el aula porque son capaces de identificarse con un ser humano. Y cuando alguien haga algún ruido, le darán un codazo y le advertirán: "Basta, ya, no ves que el profesor está nervioso..." Pero es imprescindible que el maestro se muestre ante ellos como un ser humano. Si tienen ganas de reírse por el chiste de un alumno, ríanse. Siempre me llama la atención que los maestros se mueran de risa en la sala de maestros por algo que dijo Johnny. Pero nunca permiten que Johnny los vea reírse como locos. Por el contrario, le dicen: "¡Johnny, ya es suficiente!" ¿Por qué no se ríen con él? Qué extraño. "Johnny, eres un payaso. Ahora siéntate y cállate la boca". ¿Por qué nadie puede ser él mismo? Ser espontáneos. Pero para todo tenemos que pedir permiso porque ya no podemos confiar más en nuestros sentimientos.

Siempre me divierto cuando les hablo a grupos formales. Antes de entrar, ya sé lo que va a suceder. Para mí es muy importante tocar a la gente. Creo mucho en la espontaneidad. Al tocar a alguien uno sabe quién es el otro. El movimiento existencialista había alcanzado su pico máximo cuando afirmaba: "Para llegar a ser uno mismo, hay que matar a alguien o matarse a sí mismo porque entonces uno sabrá que existe". Si uno era capaz de tirarse de un edificio, podría haber vivido. Estamos tan alienados que nadie nos mira, nadie nos toca, nadie nos reconoce en medio del ambiente. Somos criaturas invisibles. No es necesario llegar hasta ese punto. Prueben de tocar a alguien porque es algo bello. En Europa, todo el mundo se abraza y se besa. En mi familia, para Navidad y todas las fiestas, cada persona que llega besa a las demás. Eso es lo primero que hacen todos, desde el benjamín hasta el abuelo. Nos contagiamos las enfermedades, pero es hermoso. Sin embargo Emily nos dice que una dama debe darle la mano a un caballero sólo si lo desea. *¡Fenómenos distanciadores!*

Si desean comprobar cuán alienados estamos, miren cuando se abren las puertas de un ascensor. Todos parados como zombies, mirando hacia adelante, con las manos a los costados. "No se te ocurra estirar una mano para este lado porque puedes rozar a alguien". Dios no lo permita. De modo que nos quedamos firmes, se abren las puertas, uno sale y otro entra, y de inmediato se vuelve para mirar al frente. ¿Quién nos enseñó que miráramos hacia adelante? A mí me encanta subir a un ascensor y ponerme de espaldas a la puerta. Miro a los demás y digo: "¡Hola! ¿No sería maravilloso que el ascensor se detuviera y todos llegáramos a conocernos?" Luego ocurre algo increíble. La puerta se abre en el piso siguiente, ¡y todos se bajan! "Hay un loco en el ascensor. ¡Dice que quiere conocernos!"

Volvemos nuevamente al ser humano y al gusto por la condición humana. Somos las criaturas más hermosas del mundo. Ser humano es algo bello. Cuando me presento ante algún grupo formal siempre aparece una señora Fulana de Tal, que me recibe en la puerta. "Doctor Buscaglia, qué placer". Así nos presentamos, ella con los brazos a los costados. Entonces yo le tomo la mano y ella piensa: "¿Qué está haciendo?" Le tomo la mano y se la cubro con la otra, y muy nerviosa ella me lleva al salón donde las demás damas aguardan sentadas en semicírculo. Todas están en la posición correcta, con las piernas cruzadas y las manos dulcemente estrechadas sobre la falda, y una sonrisa en el rostro. Eso lo han aprendido. Sería mucho más cómodo que se tiraran en el piso, apoyadas en un codo. Pero eso nunca lo vi; creo que me asustaría si lo viera. *Todo el mundo* en la posición correcta.

¿Qué nos está pasando? ¿Qué le está sucediendo a nuestra espontaneidad? Cuando nos sentimos felices tenemos que decírselo a la gente. Entremos en el aula y anunciemos: "Hoy me siento tan alegre que nos vamos a divertir el día entero". ¿Por qué no hacérselo saber? ¡Rían! ¡Lloren! Y otra cosa: "Los hombres no lloran". ¿*Quién* lo dijo? Yo lloro por todo. Mis alumnos siempre saben que leí sus trabajos porque, en aquellas partes que me han emocionado, se ven las marquitas de las lágrimas en el papel. Yo me identifico mucho con Don Quijote de la Mancha. ¡Ese hombre increíble atacaba los molinos de viento! Desde luego que no se puede vencer a los molinos, pero él no lo sabía. Iba a la carga contra el molino y éste lo tiraba de traste. Volvía a levantarse y nuevamente terminaba caído. La sensación que tuve luego de leer el libro fue que quizá le haya quedado el trasero dolorido, pero vivió una vida maravillosa. Sabía que estaba vivo. "Oh, Dios, haber llegado al punto de la muerte sólo para comprender que jamás he vivido". Eso no le ocurrió a Don Quijote. ¡Él sí sabía! Y cuando dieron esa hermosa obra musical *El Hombre de la Mancha*, al concluir, cuando él muere, estaba rodeado por toda la gente que amaba, y todos lloraban por su muerte. *Él* no lamentaba morir puesto que había vivido. Finalmente se puso de pie, y desde el fondo del escenario apareció una enorme escalera iluminada desde arriba con un haz de luz. Don Quijote tomó su lanza, miró a todos los seres que amaba, sonrió y se internó en esa luz. Y el coro cantaba a toda voz *El Sueño Imposible*. Yo estaba sentado en la platea y me caían las lágrimas por las mejillas. Una mujer que estaba a mi lado le dio un codazo al marido diciéndole: "Mira, querido, ese hombre está llorando". Y yo pensé: "Tonta... ahora voy a darte tema para volver a tu casa y contarle a tus amigas". Entonces tomé mi pañuelo y me puse a sollozar enérgicamente. ¡Vaya si le impresionó! Esa mujer tal vez se olvide de Don Quijote, ¡pero jamás se olvidará de mí!

Creo que la persona que ama debe recuperar la espontaneidad, tocar a los demás, abrazarlos, sonreírles, pensar y preocuparse por ellos. Si cualquiera de los presentes tiene ganas de estrecharme, puede hacerlo con entera libertad, que no me desintegraré. Me quedaré aquí parado todo el día si con eso logramos regresar a nosotros mismos. Los abrazos son muy buenos, producen una agradable sensación, y si no lo creen así, inténtenlo.

Por último, creo también que la persona que ama no se olvida de sus propias necesidades. Quizá les resulte una afirmación sorprendente. Sin embargo, tenemos necesidades. No es tanto lo que nos hace falta en el plano físico, aunque en realidad nos pasamos la vida satisfaciendo nuestras necesidades físicas y las de nuestros hijos. Comemos bien, en general vivimos en casas bonitas. Nos ocupamos de todas esas cosas. Vamos al médico si nos sentimos mal. Pero las necesidades más importantes son aquellas relacionadas con lo que precisamos interiormente: la necesidad de ser vistos, de ser conocidos, de ser respetados, de tener éxito, de disfrutar del mundo, de admirar la continua maravilla de la vida, de ser capaces de comprender qué fantástico es estar vivo. Sin embargo nos hemos olvidado ya de mirarnos, de escucharnos, de tocarnos. ¡Dios nos guarde! Ni siquiera lo hacemos con nuestros hijos. En nuestra cultura, cuando una criatura cumple los tres años, la bajamos de nuestra falda y le advertimos: "Eso no se hace más; es un sentimentalismo. Con tu papá eso no se hace. Bájate de mi falda. ¿Qué es eso de besar a tu padre a los tres años? Tienes que hacerte hombre. Los hombres no se andan besando". Tal vez ustedes no lo sepan, pero en Los Ángeles hay una ordenanza municipal que prohíbe que dos hombres se abracen. ¿Qué les parece? Hasta eso hemos llegado. Uno de estos días se van a enterar por los diarios de que me metieron preso porque abrazo a todo el mundo. Al decano de mi universidad también, y lo dejo alelado. Nadie se atreve siquiera a acercársele al escritorio, que mide dos kilómetros de largo. Yo me lo encuentro en el ascensor y lo abrazo.

Es comprensible que se haya desarrollado en nuestra generación y nuestro tiempo una filosofía como el existencialismo, que denuncia nuestra más tremenda alienación. "¿Soy real? ¿Existo? Porque nadie me mira, nadie me toca. Hablo con las personas y éstas no me oyen. Miran por sobre mi hombro a ver quién está detrás. Ya nadie me mira a los ojos. Estoy solo y agonizante de soledad". Como dice Schweitzer: "Estamos todos muy juntos y sin embargo desfallecemos de soledad".

Hace muchos años, Thornton Wilder escribió una hermosa obra de teatro llamada *Nuestro pueblo*, y allí hace una increíble observación. ¿Recuerdan la escena cuando muere la pequeña Emily? Va al cementerio y le dicen: "Emily, puedes regresar a un día cualquiera de tu vida. ¿Cuál elegirías?" Y ella responde: "Me acuerdo de lo feliz que me sentí el día que cumplí doce años. Quiero volver a ese cumpleaños mío". Y toda la gente del cementerio replica: "Emily, no lo hagas. No lo hagas, Emily". Pero ella desea volver a ver a su mamá y a su papá. Entonces la escena cambia, y allí está ella a los doce años, vuelta en el tiempo a ese día maravilloso. Baja por la escalera con un precioso vestido y el cabello enrulado. Pero la madre está tan ocupada preparando la torta de cumpleaños que no puede interrumpirse un instante para mirarla. "Mamá, mírame. Soy la chica del cumpleaños". "Bueno, chica del cumpleaños, siéntate a desayunar". Emily se queda ahí de pie y protesta: "Mamá, mírame". Pero no lo consigue. Entra el padre, pero él está siempre tan ocupado ganando dinero para ella, que jamás la ha mirado. Tampoco el hermano, que está demasiado absorbido por sus cosas como para detenerse a mirarla. La escena termina con ella parada en el medio del escenario diciendo: "Por favor, alguien que me mire. No me hacen falta la torta ni el dinero. Mírenme, se lo suplico". Pero como nadie lo hace, se vuelve hacia su madre una vez más y le implora: "¡Por favor, mamá!" Por fin Emily gira sobre sus talones y pide: "Llévenme de aquí. Había olvidado cómo era ser un humano. Nadie mira a los demás. A nadie le importan los demás, ¿no es cierto?"

Hemos llegado hasta este punto. Los hijos crecen tan rápidamente que uno no los ve. De pronto caemos en la cuenta de que tenemos un adolescente o una persona a punto de casarse. Y hemos perdido la felicidad de mirar profundamente sus rostros porque estábamos tan ocupados corriendo a todos lados haciendo cosas para ellos, que nos perdimos el placer. Somos una generación de buscadores de metas, pero les digo algo: la vida no es la meta sino el *trayecto*, el proceso, el viaje hasta allí. De lo contrario uno llega allí, ¿y qué tiene? La gente nos admira, poseemos un Cadillac. El Cadillac es un amigo insensible. Las puertas, el volante nos estorban. Y hemos olvidado qué se siente cuando se mira al prójimo, se lo toca, se lo conoce. No es de extrañar, entonces, que nos estemos muriendo de soledad.

Siempre utilizo los primeros minutos de la clase para conversar con los alumnos. Es la forma más hermosa de comunicarse con los niños. Pero eso se ha desvirtuado. La maestra está pasando lista porque el director quiere que se haya terminado de pasar lista a las nueve y quince y ése es el momento que ella elige para que los niños cuenten sus cosas.

La pequeña Sally viene con una piedra y dice: "Encontré esto cuando venía hacia la escuela". La maestra le responde: "Muy bien. Ponla en la mesa de ciencias". Sin embargo, podríamos tomar la piedra e indagar: "¿Qué es una piedra?" "¿De dónde viene?" "¿Quién la hizo?" Podríamos suspender las actividades del día y todo giraría alrededor de esa piedra porque todas las cosas que existen, existen en todas las cosas. No es necesario crear idioteces artificiales. Está todo aquí, no afuera. Todo lo que hay que saber existe en un árbol. Todo lo que hay que saber existe en el ser humano. El niñito se para al frente del aula y cuenta: "Ayer mi papá le pegó a mi mamá con un martillo, y llamaron a la ambulancia, y se la llevaron y ahora está en el hospital". Y la maestra responde: "Muy bien. El siguiente". Ya es hora de *ver* a los niños, y no se imaginan ustedes el escaso esfuerzo que esto requiere. Con sólo decir "sí", o "qué bonito vestido", Sally usará ese mismo vestido todo el año porque alguien fue capaz de reparar en él.

Ellis Page realizó un interesante estudio sobre el afecto. Dividió a su clase en tres grupos: A, B y C. A cada monografía que le presentaba el grupo A, le ponía sólo una calificación. ¿Recuerdan cuando redactaban esos largos trabajos que eran como una parte de uno mismo, que luego recibían de vuelta solamente con una calificación? Eso no les decía nada. Buscábamos alguna manchita de salsa, o alguna gotita de café derramada para cerciorarnos de que el tipo lo hubiese leído. Al grupo B le ponía la calificación y una palabra, por ejemplo: "bueno", "excelente", "buen trabajo". A los del grupo C le escribía unas líneas alusivas al texto. "Querido Johnny: Tienes una sintaxis espantosa, una gramática atroz, una ortografía espeluznante. Y tu puntuación es como la de James Joyce. ¿Pero sabes una cosa? Anoche, cuando estaba sentado en la cama conversando con mi mujer, le dije: 'Sally, este muchacho ha expresado unas ideas bellísimas en esta monografía. Voy a tratar de ayudarlo a desarrollarlas'. Con afecto, tu profesor". Y si alguien escribía algo muy bueno, le ponía: "Gracias. Tus ideas me resultan alucinantes, excelentes. Sigue así. Tengo muchas ganas de saber qué vas a decir luego". Después, realizó una estadística. El grupo A permaneció igual. El B no mejoró demasiado, pero en cambio el C creció y se desarrolló.

Lean el trabajo *Pigmalión en el aula*, otro libro muy interesante. Todos los educadores deberían conocerlo. ¡Hablando de expectativas! Allí, un grupo de Harvard se presenta ante maestros como ustedes y les anticipa: "Ahora vamos a entrar en su clase y les daremos a los alumnos el Test de Harvard de los Esfuerzos Intelectuales. Con esta prueba determinaremos quiénes crecerán intelectualmente durante el año. Los seleccionaremos. Jamás falla. Piensen qué gran ayuda será".

Al terminar de recogerlas las arrojaron al cesto de los papeles furtivamente. Luego eligieron cinco nombres al azar del listado y le dijeron a la maestra: "Estos chicos van a adelantar notablemente este semestre: Juanita Rodríguez…" "Juanita Rodríguez no podría adelantar ni aunque se lo propusiera" los contradijo la maestra. "No importa. El Test de Harvard de los Esfuerzos Intelectuales jamás falla" repusieron los personajes. ¿Y saben qué sucedió? Todos los nombres que ellos seleccionaron mejoraron increíblemente, lo que demuestra que uno obtiene lo que espera conseguir.

Uno va al aula y piensa: "Estos niños tontos jamás aprenderán nada". Pero hay que pensar: "Estos niños pueden y van a aprender; para mí es un desafío demostrarles cuán fantástico es". Todos necesitamos el éxito y el reconocimiento. Tenemos que ser capaces de hacer algo, y el mayor de los placeres es el que proviene del trabajo.

Es muy triste ir a cumplir con un trabajo que uno no ama, especialmente en nuestra profesión. Si cada mañana no los emociona entrar en el aula, ver todas esas caritas de ojos inteligentes que los esperan para que ustedes los ayuden a crecer, *¡mándense mudar de la docencia!* Búsquense una ocupación en la que no tengan que estar en contacto con niños, y no los maten a tan tierna edad. Dejen a los pequeños en paz. Todos necesitamos que se nos reconozca nuestra labor. De vez en cuando necesitamos que alguien venga y nos diga: "Eres fantástico. Eso estuvo muy bien hecho". No olviden que ustedes lo necesitan, y lo mismo les sucede a las criaturas. ¿Por qué no abandonan el hábito de señalar sólo lo que está equivocado en los trabajos escritos? ¿Por qué no marcar lo que está correcto? "Eso estuvo bien, Johnny. Te felicito" ¿Por qué no les hacemos saber que son capaces de hacer algo bien para que construyan a partir de ahí en lugar de contabilizar siempre lo que está mal?

Poner el acento en lo positivo es muy sencillo. Más aún, les hará ahorrar movimientos de la mano.

Todos tenemos también necesidad de libertad. Thoreau decía que los pájaros no cantan en las cavernas. Tampoco nosotros. Para poder aprender hay que ser libre. Hay que tener la libertad de experimentar, de intentar, de cometer errores. Así se aprende. "Puedo entender tus errores y me beneficio ampliamente de los míos". El secreto es no cometer dos veces el mismo. Pero demos la oportunidad de intentar, de *probar*. Que cada uno pueda sentirse libre para ser él mismo y hallar placer en la necesidad.

Desearía terminar con una cita de Leo Rosten quien, en su estilo tan especial, lo dice todo:

*Sin embargo, de algún modo estamos todos un poco locos... Todo el mundo en el fondo se siente solo e implora que lo comprendan, pero jamás podemos comprender cabalmente a otra persona, y siempre somos en parte extraños hasta para los seres que nos aman... Los crueles son los débiles; la bondad sólo puede esperarse de los fuertes... Los que no conocen el temor no son realmente valientes, porque el coraje es la capacidad para enfrentar lo que se puede imaginar... Es posible entender más a nuestros semejantes si los miramos (por grandes o importantes que sean) como si fueran niños. La mayoría de nosotros nunca madura; simplemente crece en estatura... La felicidad se obtiene cuando ampliamos nuestra mente y nuestro corazón hasta alcanzar los sitios más lejanos que podemos alcanzar... El objeto de la vida es importarle a alguien, representar algo. Que exista alguna diferencia por el hecho de haberla vivido.*

# Llegar a ser uno mismo

Esta noche quisiera expresarles algunas de mis ideas respecto de la labor de asesoramiento. Una de mis grandes frustraciones es que en una época el grupo era pequeño; yo podía acercarme a ustedes, compartir ideas, recibir el *feedback*[1] de su parte. He ordenado que dejaran las luces encendidas hoy para poder verles los ojos. Así, con un público tan numeroso, tengo que depender de sus vibraciones, de modo que les pido que de vez en cuando se muevan un poquito.

Veamos si puedo resumir en una sola frase lo que para mí constituye la tarea de asesoramiento. No sé cuántos han leído a Saint-Exupéry. Si no lo conocen, se lo recomiendo de todo corazón. Hay en su obra un momento en que, sin definirlo, Sain-Exupéry habla del amor como jamás lo ha hecho nadie hasta ahora. Dice: Quizá sea el proceso que me permita llevarte suavemente de regreso a ti mismo". Siempre he dudado en definir el amor porque lo veo como algo inconmensurable. Por eso, limitarlo dentro de los términos de una definición no me gustaba. Sí me gusta, en

---

[1] *Feedback:* retroalimentación en teoría de la comunicación. *(N. de la T.)*

cambio, la definición de Saint-Exupéry. Creo que en eso consiste el proceso de asesoramiento y educación: no en que yo pretenda modelarlos a ustedes a mi imagen sino en conducirlos de vuelta a sí mismos, a lo que ustedes son, a su singularidad, a su belleza original.

Mucha gente intenta convertirnos en lo que ellos desean que seamos, al tiempo nosotros nos damos por vencidos y pensamos que a lo mejor eso es lo que se llama "adaptación". ¡Dios no lo permita! En ocasiones alguien se rebela y declara: "¡No! No me convertiré en lo que tú quieres que sea. Soy así y así permaneceré. Quiero llegar a ser yo mismo".

A veces me cuestiono: por más que nos rebelemos, ¿somos realmente nosotros mismos o lo que nos dicen que somos? Como dicen los educadores y los psicólogos, sé que *aprendemos* a ser humanos. Pero, ¿quiénes son nuestros maestros? En primer lugar, nuestros padres, la familia. A menos que seamos aún niños, no podemos cargarles las culpas a nuestros padres y parientes porque sólo son seres humanos como todos. Ellos tienen sus propios problemas, sus puntos fuertes y débiles. Nos enseñaron solamente lo que sabían. Habremos crecido finalmente cuando podamos decirle al hombre que es nuestro padre, o a la mujer que es nuestra madre: "A pesar de todas tus cosas, te quiero".

Un padre vino a verme al finalizar un día una clase de amor. "Quiero hablar con usted", me dijo. Me llevó a la playa de estacionamiento de atrás, me abrazó y se echó a llorar. "El otro día", me contó, "después de veintiún años, mi hijo me dijo que me quería. Y sé que lo dijo en serio. Yo sabía que lo sentía. Usted le enseñó a expresarlo". De modo que no podemos lamentarnos más de que no nos hayan enseñado o de que no siempre nos hayan enseñado la forma más adecuada. ¡Podemos aprender aún!

Yo tengo sentimientos muy profundos acerca del cambio. Como maestros debemos creer en él, saber que es posible; de lo contrario no deberíamos enseñar, puesto que la educación es un constante proceso de cambio. Cada vez que "enseñamos" algo a alguien, eso es digerido, se hace algo con ello, y emerge un nuevo ser humano. No puedo entender cómo la gente no se muere por aprender, por qué no lo consideran la mayor aventura del mundo. Toda vez que aprendemos algo nuevo nos convertimos en algo nuevo también. Yo me he vuelto diferente de lo que era hasta ahora por el hecho de haber estado aquí hoy. Me siento abrumado por la hospitalidad de ustedes y lo digo no sólo por cumplido porque no acostumbro hacerlos. Esta tarde me dediqué a volver a escribir toda esta charla. Había arrojado la anterior al cesto de papeles y comencé a redactar una nueva porque la otra no me parecía adecuada. Mientras lo hacía, el teléfono no dejó de sonar. Era gente que me pedía que nos reuniéramos esta noche. "Venga con nosotros, vamos a estar en tal parte. Queremos hablar con usted". Me hicieron llegar notitas por debajo de la puerta. ¡Es fantástico! Seres humanos que entraban en relación con otros seres humanos, y eso es lo principal.

En ese sentido he cambiado. Ya no soy el mismo que entró aquí esta mañana. Soy un ser nuevo porque experimenté algo nuevo con ustedes. Por eso es tan emocionante aprender. Nunca debería ser aburrido. Cada libro nos conduce a nuevos libros. Cada vez que escuchamos una melodía, se nos presentan miles de piezas nuevas. ¡Escuchamos por primera vez una sonata de Beethoven y nos sentimos perdidos! Leemos un libro de poemas y ocurre lo mismo. Y hay miles de cosas para leer, para ver, hacer, tocar, para sentir. Y cada una de ellas nos convierte en un ser humano diferente. Por eso, ¿somos lo que somos o lo que estamos aprendiendo y lo que todo el tiempo la gente nos ha dicho que somos?

La idea de Saint-Exupéry es hermosa, pero eso requiere que primero cada uno decida en cierta medida con qué parte de su personalidad se siente más cómodo. Les prometo que, si se dedican al proceso de averiguar quiénes son, lo considerarán el viaje más interesante que jamás hayan realizado en su vida. Nadie es malo ni perverso. Recuerden la charla de esta mañana... ¿Qué les dije de nuevo? Vamos, piensen. Nada. Simplemente sugerí cosas que ya estaban en su interior, y la reacción es que la gente se abre y reconoce: "Es verdad. ¿Por qué me habré mantenido tan encerrado en mí mismo? De aquí en más abrazaré a todos". Solamente haciendo eso liberaremos lo que hay en nuestro interior. Quiero decir que está bien que uno sea quien es. Es como darse a sí mismo permiso para ser y crecer. ¿No les parece increíble que tengamos que esperar que venga alguien a decirnos que no hay nada de malo en ser uno mismo?

Sabemos que es cierto que, con palabras, podemos enseñarles a los niños pequeños qué y quiénes son. Wendell Johnson afirma que, a través de la palabra, podemos convertir a los niños en tartamudos. Desde la etapa del lenguaje no verbal, por ejemplo, cuando una criatura viene corriendo muy excitada y anuncia: "M-m-mamá, hay un helade-de-dero en la calle". La madre lo detiene y le indica: "Dilo de nuevo lentamente porque estás tartamudeando". Si él escucha muchas veces estas palabras, va a creer que realmente es tartamudo y habremos creado a un tartamudo. Podemos aplicar el mismo procedimiento elogiándolo constantemente: "Eres hermoso, eres hermoso, eres hermoso". Si suficientes personas le dicen esto a uno, comenzaremos a comportarnos como hermosos. Nos pararemos más erguidos, estaremos más orgullosos de nosotros mismos. Por el contrario, la crítica "eres feo, eres feo, eres feo" nos hará encorvar e ir achicándonos cada vez más, hasta transformarnos en feos. Si nos dicen: "Te equivocaste. Eres un estúpido", nos equivocaremos y seremos estúpidos.

Esta mañana dije que "el amor se aprende", y así es. Se aprende igual que el temor, el prejuicio, el odio, la preocupación, la responsabilidad, el compromiso, el respeto, la bondad y la nobleza. Todo esto se aprende en una sociedad, en el hogar, en la pareja. Comenzamos a asimilar los procesos del lenguaje a la edad de uno o dos años cuando empiezan a ser discernibles las palabras y a adquirir un contenido emotivo e intelectual. Y con esas palabras estructuraremos nuestro ambiente, y con ellas pasaremos el resto de nuestra vida, y ellas nos oprimirán o nos liberarán. Esto es tremendamente importante.

También lo es la autodefinición, que la aprendemos fundamentalmente de nuestra familia. Por eso la familia tiene una enorme responsabilidad. A nadie se le enseña a ser padre. De pronto tenemos un hijo y ahí estamos. Si bien sentimos la responsabilidad, sólo podemos filtrarla a través de esa persona que somos. Por eso esta mañana dije que lo más importante del mundo es convertirse uno en el ser más maravilloso, más grandioso y lleno de amor porque eso será lo que entregaremos a nuestros hijos... y a todas las personas que conozcamos.

Creo que uno rige su propio destino, que se puede ser lo que uno quiere. Podemos detenernos y decidir: "No, no lo haré. No volveré a comportarme de ese modo. Estoy solo y necesito gente a mi alrededor. Quizá tenga que modificar mi manera de ser". Luego uno lo hace volitivamente. Lo intentamos. Yo realicé un interesante experimento con unos alumnos de un curso sobre psicolingüística. Les dije que escribieran dos listas de palabras. De un lado pusimos las "desagradables", palabras que no habríamos de volver a usar jamás, como "odio", "desesperación", "no". Confeccionamos un glosario de palabras antipáticas. Del otro lado anotamos palabras positivas como "amor". Decidimos que ésas serían las palabras que emplearíamos al hablar de la gente, de nosotros mismos y del mundo. Emprendimos ese proceso y sucedieron las cosas más fantásticas con nuestra manera de sentir. ¡Y todo simplemente utilizando palabras positivas!

Ninguna familia carece de dificultades. Ninguna familia carece de temor ni de prejuicio. Observemos una de las llamadas familias normales, con todos sus problemas, y veamos qué ocurre cuando llega un hijo que es diferente, que sufre alguna deficiencia. Suceden cosas extrañas desde el primer instante. Se está realizando un estudio fantástico, y me muero por conocer los resultados. En el Centro Médico de la Universidad de California, Los Ángeles, cuando nace un niño deficiente, se envía de inmediato un consejero de cabecera, no a la semana ni al año siguiente, sino al momento siguiente para conversar con los padres, decirles que no deben sentir temor, para darles esperanzas, para volver a encender la chispa que está titilando, ese delicado equilibrio que se da cuando pasa algo así.

Pertenecemos a una cultura que acentúa la perfección. Somos de la escuela de Doris Day y Rock Hudson. La Metro Goldwyn Mayer nos ha enseñado el concepto de lo bello y lo bueno, y eso me da mucho miedo porque también nos ha inculcado el concepto de amor. La gente cree que el amor es un proceso de persecución de una mujer que dura seis rollos de película. Todos lo hemos visto: Rock siempre persigue a Doris, y ella escapa protegiendo algo que nunca supe qué era. Finalmente, en el último rollo, él le da caza, la toma en sus brazos y juntos cruzan el umbral. Después dice "Fin". Me gustaría saber qué ocurre después del cartelito de "Fin", porque estoy seguro de que, si una mujer se lo pasa corriendo durante seis rollos, debe de ser frígida, y cualquiera lo suficientemente loco como para perseguirla, impotente.

En este estudio practicado por la Universidad de California, cuentan el tiempo, los minutos. Cuánto se demora, por ejemplo, cuando nace un niño "normal" en llevárselo a la madre. Comprobaron que transcurre un

61

lapso mucho más prolongado con el niño imperfecto. Ninguna de las enfermeras quiere llevar al pequeño. Cuando éste es perfecto, se lo acercan a la mamá. "Mire, señora de Jones, lo que ha tenido" y todo el mundo está feliz. Pero cuando nace una criatura deficiente, una suerte de tristeza se abate sobre el hospital. ¿Qué le indica esto a la madre, incluso antes de ver a su hijo? Le dice que ella es rechazada, que algo pasa. No hay mujer en el mundo que, cuando se queda sola con ese bultito adorado, no le haya contado los dedos de manos y pies. Las madres han expresado firmemente que el nacimiento es un don: "Yo doy algo al mundo, a mi marido, a mi familia". Y en ese mismo instante hay temor. "¿Qué le pasa a este niño?", se pregunta con culpa. "¿Es por algo que hice yo?" Somos humanos.

La idea de la perfección me aterroriza. Ya casi no hacemos nada por temor a no ser perfectos. Maslow dice que hay ciertas experiencias supremas que todos deberíamos intentar, como por ejemplo, hacer una vasija de cerámica o pintar un cuadro, colgarlo y pensar: "Esto es una prolongación de mí mismo". Hay otra teoría existencialista que afirma: "Debo de existir porque he hecho algo. He creado algo, por consiguiente, existo". Sin embargo, nos resistimos a hacerlo porque no nos va a salir bien, porque no recibirá aprobación. ¡Si tienes deseos de ensuciar la pared con tinta, hazlo! Eres tú, allí te encuentras en ese momento y puedes estar orgulloso de ello. Piensa: "Eso salió de mí, es mi creación. Yo lo hice y es bello". Pese a todo sentimos miedo porque queremos las cosas perfectas y pretendemos que nuestros hijos también lo sean.

Rememorando mi experiencia personal (es lo único que puedo hacer), recuerdo las clases de educación física del secundario. Si hay aquí algún profesor de gimnasia, espero que me escuche muy atentamente porque hablo en serio. Recuerdo que nos esforzábamos por obtener la perfección. Educación física debería ser una clase donde a todos se nos diera una oportunidad. Si no sabíamos arrojar una pelota, deberíamos aprender a hacerlo lo mejor que pudiéramos. Pero no era así; aspirábamos a la perfección. Siempre había esos tipos corpulentos que se paraban adelante, que eran las estrellas. Y estaba yo, todo piel y huesos, con mi pañuelo con ajo alrededor del cuello y unos shorts que no eran de mi medida. Siempre permanecía en la hilera esperando que me eligieran, y era un suplicio diario. Recuerdo que nos hacían poner en fila, y los grandotes, sacando pecho, iban escogiendo. "A ver tú, y tú", y la hilera iba desapareciendo, hasta que quedaban solamente dos, otro esmirriado y yo. "Muy bien, que venga el tano Buscaglia", y uno se adelantaba muerto de miedo porque no era la imagen del atleta ni de la perfección a que aspirábamos. Eso sucede todo el tiempo. En la universidad conocí a un alumno gimnasta. El año pasado casi fue a las olimpíadas. Pero tiene un pie contrahecho. En todos los otros aspectos es perfecto, un cuerpo que sería la envidia de cualquiera, una mente despierta, ojos de mirada alerta. Sin embargo él no se considera atractivo... por su pie deforme. Cuando camina por la calle, lo único que oye es su pisada irregular pese a que casi nadie lo nota. Pero *él* sí. Y esta idea de la perfección, sinceramente, a mí me disgusta mucho.

Apenas nace el niño imperfecto, o no bien la familia se entera de que tiene un hijo defectuoso, sale a la luz todo tipo de cosas. La pérdida de la imagen ideal, los temores del futuro. ¿Qué le espera a este niño? ¿Conseguirá un trabajo? ¿Aprenderá alguna vez a leer? Se trata de verdaderos miedos y sentido de culpa: "¿Qué hice yo?" "¿En qué medida soy responsable?" "¿Habrá sido por la dieta?" "¿Acaso no me cuidé?" Confusión, principalmente: *"¿Y ahora qué haré?"*

Durante seis años he asesorado a padres de niños deficientes, y lo único que estas personas confundidas repetían una y mil veces era la cantidad de profesionales a los que habían consultado. Iban a ver a éste, al otro y al de más allá, y seguían sin información sobre su hijito. Eso es terrible. Nadie en el mundo va a tener más contacto con el pequeño que sus propios padres. Ellos deberían ser quienes más supieran. Sin embargo se establece una suerte de secreto entre los profesionales. "Que ellos no se enteren. Yo sé lo de Johnny, pero que su mamá no lo sepa". La mamá es la que atenderá a Johnny, y le conviene saber lo que es mejor para él. Ya es hora de que admitamos esto e informemos a los padres. Mi teoría para aconsejarlos es callarme la boca, pero *mostrarles* cómo se hace. Pongamos un espejo de una sola dirección para que la madre pueda sentarse y observar lo que hace la maestra con un niño. Luego la maestra se le acerca y le explica: "Lo que hice fue esto. ¿Por qué no prueba hacerlo usted en su casa?" Un trabajo de equipo; solamente así se podrá superar. Estamos trabajando juntos para beneficio de Johnny. Johnny necesita a cuantas personas pueda conseguir, de modo que conviene que actuemos juntos. Que no haya esa sensación de confusión. El doctor A me dijo esto, el neurólogo B me dijo esto otro, la maestra C me aconsejó lo de más allá.

Conozco a muchas madres a las que se les dice lisa y llanamente: "Déjelo solo, que ya lo superará. Su hijo se curará. Usted está excesivamente preocupada". Dios santo, ¡nadie lo ve como lo ve esa señora! "Se cae, sus movimientos son incoordinados, no se porta como los demás niños, algo le pasa. Que alguien me ayude". Y así los padres consultan a Dios y María Santísima.

No sé cuántos de ustedes han leído el libro de Pearl Buck donde habla de su hijita; se trata de una obra muy importante que todo educador debería leer. Ella es una mujer educada, sensible, que llevó a su hija a que la vieran cientos de personas. Viajó por todo el mundo buscando ayuda, hasta que alguien le habló con sinceridad: "Mira, Pearlie, tu niña es totalmente retardada, pero vamos a hacer todo lo posible por ella. Ayudémosle a aprender todo lo que pueda, pero déjate de pensar que será un genio. Pongámonos a trabajar y a hacer lo mejor para esta criatura. No le marquemos límites. No pensemos que no puede aprender… ésas son todas pavadas. Concentremos nuestras energías en hacer lo más posible, y deja ya de correr por todo el mundo". Ella aceptó, y a partir de ese momento la situación mejoró. Pero alguien les tiene que hablar con franqueza a los padres.

Además de todos los problemas que debe enfrentar una familia "normal", las que tienen un hijo deficiente tienen que vérselas con muchas otras dificultades. El año pasado una madre me lo hizo notar en forma dramática cuando me contó: "Tengo un niño con una seria lesión cerebral. ¿Sabe que desde que él nació no he salido nunca de mi casa ni siquiera por cinco minutos? Tengo que llevarlo conmigo a todas partes. No consigo una niñera que se quede con él; todas le tienen miedo". ¿Qué clase de vida es ésta? Los padres también son personas y necesitan salir; a veces nos olvidamos de esto. Les relaté la historia a mis alumnos con un gran enojo. Golpeé el pizarrón, grité, y uno de los muchachos propuso: "¿Por qué no organizamos un grupo de *babysitters*?" Así fue como comenzaron a cuidar niños gratis para padres con hijos deficientes. Los estudiantes no sentían temor ante esos niños; iban y se quedaban con ellos para que los padres pudieran salir a cenar, de modo que recordaran lo que es ser humanos, para que pudieran estar solos. Esto es muy importante porque llegará un día en que la mamá va a estar sentada frente al papá, se mirarán, y me temo que ella tendrá que preguntar: "¿Quién diablos eres?" Tan ocupada habrá estado ella como el marido.

No es de extrañar, entonces, que los padres clamen por ayuda. Cualquier persona que vaya a ayudar a alguien debe tener presentes ciertas cosas. Primero y principal, debemos recordar siempre que el hombre no es un objeto y hay que dejar ya de tratarlo como tal. Somos frágiles, vulnerables, tiernos, asustadizos. Precisamente por lo frágiles que somos es muy fácil herir a alguien, hacerlo sufrir. Pero es igualmente sencillo curarlo con la misma mano que lo lastimó; depende de en qué lado de la persona estemos.

El hombre es increíble. Tenemos mecanismos de defensa; existe la teoría psicoanalítica del síntoma, que le aconseja al atribulado empresario que padece úlcera: "Vaya más lento, amigo". Cuando nos sentimos tan ansiosos que no podemos hablar con la gente, el síntoma que nos advierte: "Cuidado, te estás pasando del límite. Siéntate debajo de un manzano". Me he enterado de notables mecanismos de defensa que usan las personas, y lo sentiría mucho por ustedes si pretendiendo ayudar a alguien, le dijeran: "Vamos, avívese. Usted sabe que eso no es así". Recuerdo una madre que estaba sentada frente a mí, y con toda sinceridad me manifestó: "Finalmente he comprendido. Por fin entiendo por qué tengo un hijo deficiente, por qué estoy atada a mi casa, por qué mi marido y yo no podemos hacer cosas juntos y por qué todo lo demás, y eso es porque Dios me eligió entre todos los seres del mundo, porque sabía que yo podía cuidar a esta criatura". ¡Hablando de mecanismos de defensa! Y ustedes serían una persona execrable si le dijeran: "Vamos, señora Jones, avívese".

A veces nos mantenemos en un tenue equilibrio, y que nadie se crea tan fantástico como para quitar el contrapeso o liberarse del mecanismo de defensa. Recuerdo que una vez un consejero le dijo a una madre: "Debe usted aceptar a su hijo anormal. Debe hacerlo". Y ella le replicó: "¿Por qué diablos debo?" Y ésa es la mejor respuesta que he oído. ¿Qué significa eso de que "debo"? El hombre no es una cosa; es una maravilla y debe ser tratado con delicadeza.

En segundo lugar, el hombre es capaz de cambiar, y si ustedes no lo creen, han elegido mal su profesión. Cada día deberíamos ver el mundo de un nuevo modo personal. El árbol frente a su casa nunca es el mismo, ¡de modo que *mírenlo*! Nunca ha habido dos puestas de sol iguales desde el comienzo de los tiempos, ¡de modo que *mírenla*! Todo se halla en proceso de cambio, incluso ustedes. El otro día me encontraba en la playa con unos alumnos; uno de ellos recogió una vieja estrella de mar reseca, y con gran cuidado volvió a meterla en el agua. Y comentó: "Acaba de secarse, pero cuando sienta nuevamente la humedad, recobrará la vida". Se quedó pensando un instante, me miró y agregó: "¿Sabes, Leo? Tal vez sea así el proceso de llegar a ser uno mismo. Quizá llegamos hasta el punto de sentirnos casi secos, y lo único que nos hace falta es un poquito más de humedad para ponernos de nuevo en movimiento". A lo mejor todo consiste en eso.

Invertir en la vida es invertir en el cambio, ¡y a mí no me preocupa la muerte porque estoy demasiado ocupado viviendo! Que la muerte se ocupe de sí misma. No vayan a creer que estarán en paz: la vida no es así. Como estamos cambiando todo el tiempo, es necesario adaptarse a esos cambios, lo que significa que deberán enfrentar constantemente nuevos obstáculos. Ésa es la alegría de vivir. Y una vez que uno se encuentra inmerso en el proceso de llegar a ser uno mismo, no se puede detener. ¡Pero qué fantástico viaje! Cada día es nuevo. Cada flor es nueva. Cada rostro es nuevo. Todo el mundo es nuevo cada mañana de su vida. En Japón, el correr del agua es un rito. Nosotros solíamos sentarnos en una pequeña choza durante la ceremonia del té; nuestro anfitrión tomaba un cucharón de agua y lo vertía en la tetera, y todos escuchaban. El sonido del agua al caer era casi abrumador. Yo pienso cuánta gente hace correr la ducha y el agua en las piletas a diario, y jamás lo oye. ¿Cuándo fue la última vez que prestaron atención al ruido del agua? ¡Es bellísimo! Esta noche vuelvan a sus casas, abran el grifo y escuchen.

Herbert Otto afirma: "El cambio y el crecimiento se dan cuando una persona se ha arriesgado y se atreve a experimentar con su propia vida". ¿No les parece fantástico? Una persona se ha arriesgado, atreviéndose a experimentar con su vida, a confiar en sí misma. Experimentar con la propia vida nos llenará de alegría, de felicidad, de asombro, pero también nos atemorizará. Es algo que da miedo porque nos enfrentamos con lo desconocido y desterramos la autocomplacencia. Podemos pensar: "A mí todo me va bien. Tengo un buen empleo, un auto", pero si decides cambiar, puede que cambien tus valores, y así eliminarás la complacencia.

Tengo la firme convicción de que lo contrario del amor no es el odio sino la apatía. Si una persona me odia, debe sentir algo por mí; si no, no podría odiar. Por lo tanto, existe algún modo de que podamos comunicarnos. Pero si ni siquiera me ve, estoy listo; no hay manera de que yo pueda llegar a ella. Si no les gusta el panorama que los rodea, si no son felices, si se sienten solos, si no tienen la sensación de que ocurren cosas, cambien de panorama. Rodéense de nuevas cosas.

El hombre también necesita un guía. Un maestro (y esto incluye a los padres) es un guía. A mí me gusta que me llamen educador. Detesto que me digan profesor. Un profesor profesa, y hoy en día se profesa demasiado. Qué maravilloso es cuando un niño hace una pregunta brillante, y la maestra le contesta: "No sé la respuesta, pero vamos a averiguarla juntos". Así le transmitimos la emoción de aprender; el maestro no tiene que *saber* todo. Nos guiaremos mutuamente.

Los institutos psiquiátricos son cada vez más numerosos y están más colmados. Yo trabajaba en Prevención de Suicidios, en Los Ángeles, y mi teléfono sonaba día y noche. Un día me dije: "Algo anda mal en alguna parte". Creo que uno de los motivos es esta idea de que "yo te querré *siempre y cuando...*". Si todos tuvieran al menos una sola persona que les dijera "Te querré *pase lo que pase*, aun si eres estúpido, si cometes errores, si te comportas como un ser humano", entonces creo que nadie terminaría recluido en un instituto psiquiátrico. Así deberían ser los matrimonios. Pero, ¿lo son? Y así debería ser la familia. Pero, ¿lo es? Por cierto que la sociedad nunca puede decirlo; tiene una responsabilidad demasiado grande para con demasiada gente. Pero hay que tener aunque sea una persona en la vida a quien acudir. Me encanta la definición de Robert Frost: "El hogar es un sitio adonde uno va y tienen que recibirlo". Eso debería ser un hogar. Como si nos dijeran: "Vamos, entra. Fuiste un tonto pero no te lo voy a decir. Te amo y te acepto como eres". A ese tipo de guía me refiero.

El hombre necesita que alguien se preocupe por él. Repito, *una persona*, pero que sea alguien que realmente lo quiera. No hablo de grandes cosas sino de las pequeñas, de los pequeños gestos que demuestran el afecto. Ya les dije con qué poco quedamos satisfechos. Un dedo es capaz de sostener el dique.

El hombre necesita también la sensación de triunfo, de que se nos reconozca por algo que hemos hecho bien. Y alguien debe señalárnoslo. De vez en cuando, alguien debería darnos una palmada en el hombro, y elogiarnos: "Eso estuvo bueno. Sinceramente me gustó".

Pero para aprender, para cambiar y poder ser uno mismo hace falta la libertad. Hay que tener personas interesadas en el árbol de uno, no en el que se parecía a un chupetín, y hay que interesarse por el árbol de los demás. "Muéstrame tu árbol, muchacho. Muéstrame quién eres, entonces sabré dónde puedo comenzar". Debemos ser libres para *crear*.

Hace poco me pasó algo increíble. Estaba hablando a un grupo de chicos muy talentosos de un distrito escolar de California; yo gritaba y gesticulaba como es mi costumbre, y ellos estaban ahí como pegados a sus asientos. Las vibraciones que intercambiábamos eran notables. Después de la disertación de la mañana, los colegas me invitaron a almorzar. Al regresar, los chicos me recibieron y me contaron: "Ha pasado algo terrible. ¿Se acuerda del chico que estaba sentado justo frente a usted?" "Sí, claro, jamás lo olvidaré. Estaba muy impresionado". "Bueno, lo suspendieron del colegio por quince días". "¿Por qué?" pregunté. En mi charla yo había señalado que la única forma de llegar a conocer algo a fondo era experimentándolo. Y dije. "Si verdaderamente desean conocer un árbol, tienen que treparse a él, palparlo, sentarse en sus ramas, oír

71

el sonido del viento entre sus hojas. Entonces podrán decir que conocen ese árbol". Así fue como, durante la hora del almuerzo, el muchacho vio un árbol y se trepó. El vicedirector acertó a pasar por ahí, lo vio allá arriba, lo hizo bajar y lo mandó a su casa.

Yo reaccioné: "Debe de haber un error, un malentendido. Voy a ir a hablar con el vicedirector". No sé por qué, los vicedirectores son siempre ex profesores de educación física. Fui a su despacho, donde lo encontré sentado con sus músculos protuberantes, y me presenté. "Soy el doctor Buscaglia". Él me miró y se puso furioso. "¿Usted es el hombre que viene aquí y les dice a los chicos que se suban a los árboles? ¡Usted es un peligro!" Yo logré articular: "No me comprende. Debe haber un malenten…". El hombre me gritó: "¡Usted es un peligro! ¡Cómo se le ocurre aconsejarles a los chicos que se trepen a los árboles! Demasiado revoltosos son ya". Bueno, nunca pude convencerlo. Entonces me fui a la casa del niño que iba a tener dos semanas libres para subirse a los árboles. Y él me dijo: "Creo que hay algo que saco en limpio de esto: cuándo se puede y cuándo no se puede trepar árboles. Porque esta sociedad nos da indicaciones todo el tiempo, pone carteles que avisan cuándo se puede hacer algo. Yo ya lo aprendí. Supongo que fue un error mío de criterio, ¿no?" Ese chico había escuchado, y seguramente se adaptaría al hombre del despacho, ¡pero sigue trepando árboles! Hay modos de satisfacer los requerimientos de la sociedad, y modos de hacer cada uno lo propio.

Sinceramente creo que la gente necesita afecto. Necesitamos que nos amen, que nos toquen, alguna manifestación de amor. Los que nos dedicamos a la educación diferencial ciertamente conocemos los estudios realizados por Skeels, su extraordinaria obra en un hogar para niños abandonados. Él había notado que los chicos recluidos en los asilos se volvían cada vez más apáticos, hasta que terminaban todo el tiempo sentados. Su coeficiente de inteligencia era normal al ingresar, pero al cabo de un año y medio había descendido hasta el nivel del grave retardo mental. Se preguntó, entonces, qué pasaba. Luego de vencer una gran resistencia (porque no se lo querían permitir), tomó a doce niños y dejó los demás allí. Los llevó a un hogar para adolescentes retardados, y entregó cada uno a una niña. Estas chicas no eran gran cosa en el terreno intelectual, pero tenían amor. Ustedes conocerán muchos chicos que son tremendamente inteligentes pero que no llegan a ninguna parte porque no tienen nada más. También hay muchos otros simplemente normales, que se sienten muy queridos y van a llegar hasta donde lo deseen. Aquellas niñas lloraban cuando, al terminar el día, debían llevar a sus protegidos al ómnibus porque se quedaban sin ellos. La única variable era el afecto, el solo hecho de que los niños recibían amor, se jugaba con ellos y se los tomaba en forma independiente. Skeel realizó el trabajo de seguimiento de estos doce pequeños. Los que quedaron en el orfelinato se hallan en estado psicótico en asilos para niños seriamente retardados, o en hospitales del Estado. Pero del grupo entregado a las niñas retardadas, todos menos uno terminaron su secundario, todos se casaron, hay un solo caso de divorcio, ninguno recibe asistencia social, todos se

73

–mantienen a sí mismos. La variable independiente fue: *alguien me vio, alguien me tocó, alguien me acarició, ¡para alguien fui importante!*

El punto siguiente es que cada persona tiene su propio camino. Hay miles de modos de descubrirse a uno mismo. Cada uno de ustedes debe encontrar su camino personal, sin permitir que nadie le imponga el suyo. Hay un libro maravilloso titulado *Las enseñanzas de don Juan* escrito por un antropólogo de apellido Castaneda, que se dedicó a estudiar a los indios yaquis. Allí aparece un hombre llamado don Juan, que dice:

*Cada camino es uno entre un millón. Por ende, no hay que olvidar que un camino no es más que eso. Si piensas que no debes seguirlo, no te quedes en él bajo ninguna circunstancia. Un camino no es más que un camino. Que lo abandones cuando tu corazón así te lo indique no significa ningún desaire a ti mismo ni a los demás. Pero tu decisión de seguir esa senda o apartarte de ella no debe ser producto del temor ni la ambición. Te advierto: examina cada camino atentamente. Pruébalo tantas veces como te parezca necesario. Luego hazte esta pregunta: ¿Tiene corazón este camino? Todos los caminos son iguales, no llevan a ningún lado. Atraviesan la maleza, se internan o van por debajo de ella. Si ese camino tiene corazón, entonces es bueno. De lo contrario, no te servirá de nada.*

Si se pretende ayudar a la gente, uno deberá hacer todo lo siguiente: por empezar, dejar de imponerse a los demás, de transmitirles el sistema de valores propio. Hay que convertirse en un ser real y aprender a escuchar. Existen todo tipo de símbolos. El lenguaje verbal es sólo uno de ellos. A veces, con sólo abrir la boca cometemos errores espantosos. Tanto más agradable es simplemente mirar a alguien y vibrar. He decidido que uno de estos días me liberaré de mis demás responsabilidades para ponerme a estudiar las vibraciones humanas porque estoy seguro de que existen tanto como las vibraciones que transportan el sonido. Cuando descubramos ese secreto quizás hayamos encontrado algún medio de comunicación más eficaz que la palabra. Creo que escuchar es tremendamente importante, y sin embargo le tenemos pánico al silencio. Las cosas más bellas podrían ocurrir si nos quedáramos callados. Si alguna vez quieren que la gente hable, no abran la boca. Al cabo de un minuto ellos habrán dicho algo.

Hay que ser reales. No seamos falsos. Mostrémonos como somos. Lo más difícil del mundo es ser una cosa que uno no es. Cuando nos vayamos aproximando cada vez más a nuestra verdadera esencia, actuaremos siempre de esa manera. Encontraremos un modo fácil de vivir. Lo más fácil del mundo es ser uno mismo. Lo más complicado, ser lo que los demás pretenden que uno sea. No permitamos que nos pongan en esa situación. Entonces viviremos con sencillez. Podremos usar toda la energía que se requiere para "contener los miedos", como dice Richard Alpert, porque ya no experimentaremos temor alguno. Digamos: "Aquí estoy yo. Acéptame como soy, con mis debilidades, mi estupidez, etcétera. Y si no puedes, aléjate de mí".

Y otro detalle: no le ordenemos nada a nadie. No somos Dios, no sabemos lo que pasa por la cabeza de los demás. Se puede guiar pero no ordenar. Y tratemos de comunicarnos, de comprender. A menudo el profesional se sienta del otro lado del escritorio, frente a una madre que está evidentemente aterrorizada, sujetando fuertemente su cartera. El profesional le dice: "Hemos realizado un diagnóstico completo de su hijo y llegamos a la conclusión de que padece de dislexia debido a una mínima disfunción cerebral. ¿Entiende?" ¿Qué puede responder esa madre? Sonríe tristemente y dice: "Mmm". Yo me la imagino volviendo a su casa, cuando el marido le pregunta qué le dijeron. "Bueno, tiene no sé qué clase de lexia porque algo le falla en la cabeza". "¿Y para eso pagamos doscientos dólares la consulta?", protestará él. Me asombra que no haya más padres de niños anormales que queden abatidos. Tenemos que comunicarnos.

Por último, no olvidemos trabajar en equipo. La relación de cada uno con la gente tendrá éxito en la medida en que sea una obra conjunta. Será necesario planificar juntos la labor porque dos son más fuertes que uno. A veces hace falta muy poco para juntarse. Pero para formar un equipo se requieren varias cosas: hay que darles a los padres la explicación adecuada, sin ocultarles nada. Y luego planificar paso a paso la tarea.

Primero hay que determinar dónde se encuentra el chico. De nada les servirá a los padres saber que sufre una mínima disfunción cerebral. Ni el padre ni el maestro podrán curarle el cerebro al niño sólo porque sean padres o maestros. De todos modos el daño es irreparable. A continuación piensen en el próximo paso, no en lo que el niño va a hacer dentro de mil años sino en el paso inmediato. ¿Queremos que se siente? ¿Que mueva un lápiz? ¿Que lea una palabra? Planificar cómo lograrlo. "Ésta es su tarea como padre y ésta es la mía como maestro, y trabajaremos juntos. Usted hará lo suyo y yo lo mío". Después contemplarán juntos el éxito y dirán: "¿Llegamos a la meta? Sí. El niño aprendió a hacerlo. Muy bien, ¿qué hacemos ahora?" Y así sucesivamente. En eso consiste el asesoramiento pedagógico, y no en meterse en la psiquis de alguien y tratar de averiguar sus problemas sexuales. Es un proceso gradual. Si se encara así la labor, en colaboración, los padres jamás pedirán ayuda.

Tengo una cita más para compartir con ustedes. Es de un hombre maravilloso llamado Zinker, que pertenece al Instituto Gestalt, de Cleveland. Escribió esto al final de un trabajo titulado "Sobre el Conocimiento y la Revelación Personal":

*Si el hombre de la calle examinara su interior, ¿qué pensamientos rectores elegiría para cambiar de vida? Tal vez descubriría que su cerebro no está muerto, que su cuerpo no se ha secado, que, esté donde esté, sigue siendo artífice de su destino. Podrá modificar su destino tomando la decisión de cambiar seriamente, luchando contra el temor y las resistencias al cambio, conociendo mejor su propia mente, intentando que su comportamiento se adecue a sus verdaderas necesidades, realizando actos concretos en vez de conceptualizar sobre ellos...*

Comparto totalmente esta opinión. Hay que dejarse de hablar y empezar a actuar de esta manera:

*...ejercitándose para ver, oír, tocar y sentir como nunca antes, creando algo con sus manos sin exigirse la perfección, escuchando las palabras que le dice a su mujer, sus hijos, sus amigos, escuchándose a sí mismo, mirando a los ojos a los que le hablan, aprendiendo a respetar el ritmo de su propio proceso creativo, teniendo la certeza de que éste lo conducirá a alguna parte.*

*Debemos recordar, sin embargo, que jamás se produce un cambio sin buscarlo denodadamente, sin ensuciarse las manos. No existe una fórmula escrita para llegar a ser uno mismo. Sólo sé esto: yo existo, estoy aquí, hago mi vida y nadie la vive por mí. Debo enfrentar mis falencias, mis errores, mis transgresiones. Nadie puede sufrir por mi no-ser como lo sufro yo, pero mañana será otro día, y debo decidir levantarme de la cama y vivir. Si fracaso, no tendré el alivio de echarle la culpa a nadie, a la vida ni a Dios.*

# La búsqueda del propio ser

Permítanme explicarles algo que no querría que ocurriese esta noche. Existen muchos modos de aprender. Hace tiempo pasé un año en un monasterio zen del Asia. Tuve un excelente profesor japonés, muy amable, sorprendente, lleno de cosas bellas para compartir. Toda su vida era un acto de compartir, como yo querría que fuese la mía y espero que ustedes lo deseen con respecto a la propia.

Recuerdo que un día en particular estábamos caminando por un jardín de bambúes gigantes. Si algunos han ido al Japón sabrán lo hermosos que son. Mientras recorríamos el jardín yo hablaba sin cesar. Comentaba todas las cosas maravillosas que sabía, la gran sabiduría que poseía, tratando verdaderamente de impresionar al hombre, como diciéndole: "Esto es lo que sé". De repente esa persona absolutamente no violenta se dio vuelta ¡y me dio un puñetazo en la boca! ¿Qué me dicen de la técnica de aprendizaje? Yo lo miré tocándome el labio ensangrentado y le pregunté por qué lo había hecho. Con toda la vehemencia me respondió: "¡No pisotee mi cabeza con sus pies sucios!"

Y les juro que esta noche, antes de venir aquí, me lavé

los pies. No tengo intenciones de pisotearle la cabeza a nadie. Lo único que deseo que suceda entre nosotros es un genuino acto de compartir. Ustedes toman de lo mío lo que les viene bien. Y lo que no les interesa, lo dejan. No tengo ningún fin oculto, nada que vender, pero sí mucho para compartir, y me entusiasma la posibilidad de hacerlo.

Sinceramente creo que todos poseemos una enorme capacidad de amor, pero como toda facultad en potencia, a menos que hagamos algo con ella, no va a fructificar. Años atrás tuve la locura de crear un curso de amor. Yo no *dicto* la clase sino que la facilito. Hago posible que suceda. Me siento con los estudiantes y aprendo de ellos. Aprendemos juntos. Dado que el amor se aprende y a todos se nos ha enseñado de diferente manera, ustedes tienen tanto para enseñarme *a mí* como a la inversa. Por eso, en el fondo el amor es un acto de compartir.

Pensaba que, de alguna manera, la gente que padecía una necesidad podía venir y decírnoslo, ¡y no sería psicoterapia! Yo no soy psicoterapeuta sino docente. Si uno quiere aprender de *diferente* manera algo que ya sabe, puede hacerlo. Por consiguiente, siempre hay esperanza y asombro, y no tenemos por qué sentarnos a llorar por que alguien nos haya tratado mal en el pasado, ni porque hayamos aprendido incorrectamente a amar, ni porque nos estemos muriendo de soledad.

Hace poco tuve una interesante experiencia. Suelo viajar mucho por el país, y en esas ocasiones me llevo trabajo atrasado porque ésos son mis únicos momentos de tranquilidad. Tengo una norma que dice: "Primero están las personas; luego las cosas". Por eso, cuando estoy en mi oficina no tengo paz. Cuando me voy a casa el teléfono no deja de sonar y viene gente a verme. Pero cuando subo a un avión, es como si tuviera una oficina privada: desaparezco entre las nubes y nadie sabe quién soy. Por eso siempre pido que me dejen libre el asiento de al lado, si el avión no va demasiado lleno. Así, desparramo mis cosas, trabajo y pienso. Y cuando termino, contemplo las nubes y pienso en la magia y la maravilla del universo.

Ese día en particular había una butaca vacía entre mí y una atractiva señora mayor, con muchas alhajas y bonita ropa. La dama me observó desplegar el material, y yo me di cuenta por sus vibraciones de que *quería conversar.* "¡Dios mío", pensé. "¡Me gustaría, pero tengo que corregir exámenes!"

—¿A que adivino su profesión? —me dijo.

—¿Qué soy?

—Debe de ser abogado.

Le dije que no.

—Entonces es profesor.

—En efecto, eso soy.

—Qué lindo. —Yo seguí trabajando, pero ella empezó a hablarme, y de pronto me dije: "¿Qué estás haciendo? Siempre dices que primero están las personas. Esta mujer *te necesita.* Evidentemente quiere charlar… Bueno, háblale un rato y después le explicas que tienes que trabajar".

No resultó así… pero fue genial porque ella empezó a contarme de todo, como una *avalancha.* A veces uno le cuenta a un extraño algo que no le confiaría al amigo más íntimo. Ella sabía que cuando llegáramos a Los Ángeles nos separaríamos. No había peligro de que volviéramos a vernos nunca más. Así fue como me contó que tenía cuatro hijos, que acababa de regresar de las Bahamas.

—¿Lo pasó bien? —le pregunté.

—No, tremendamente mal.

—¿Fue sola?

—Sí.

Me limité a exclamar "Ah". El tema me parecía interesante pero no iba a ahondarlo. Sin embargo, de inmediato ella me lo aclaró. Se había ido de vacaciones por su cuenta.

—Estoy tratando de recobrar el ánimo.

—¿Sí?

—¡Sí! Hace dos meses mi marido me abandonó.

—Cuánto lo siento.

Y a partir de ahí me relató la historia de su vida.

—Imagínese. ¡Le di los mejores años de mi vida!

¡Nunca pensé que la gente siguiera haciendo ese tipo de comentarios!

—Le di hijos hermosos, una casa magnífica que siempre tuve limpia. ¡No había suciedad por ninguna parte!

De eso no me cabía duda.

—Mis hijos siempre llegaban a horario al colegio. Yo cocinaba espléndidamente. Siempre recibía a *sus* amigos. Estaba dispuesta a ir donde *él* quisiera. —Y así siguió. Sentí mucha lástima por esa mujer, porque todas las cosas que ella consideraba esenciales eran cosas que se podían conseguir pagando por ellas.

Había perdido su identidad. No le había dado al marido su parte fundamental... la magia, la maravilla... su ser oculto. Le había dado comida, pero él podría haber ido a un restaurante. Le lavaba las sábanas, ¡pero él podría haber ido a un lavadero automático! ¡Eso es terrible!

Entonces le pregunté:

—¿Qué hizo por usted misma?

—¿Por *mí*? ¡Nunca me quedaba tiempo para *mí*!

Luego de una pausa le dije:

—¿Qué desearía haber hecho?

—Siempre soñé con hacer vasijas de cerámica.

Qué hermoso hubiera sido que se dedicara a la cerámica. Ella no sabía que eso era de suma importancia. Sentí pena porque había hecho lo que consideraba esencial, lo que la cultura le había enseñado que era esencial. ¡Había desempeñado un papel! Y así había perdido su identidad. La historia sucede como de costumbre: el marido conoce a atractiva jovencita en la oficina, a quien no le interesa un rábano la cocina ni las sábanas limpias.

Ese día hablamos mucho de lo que es fundamental. Ella lloró un poco, y yo también. Nos abrazamos, ella se fue por su camino y yo por el mío. Pobre señora, nunca se había detenido a pensar: "¿Qué es lo esencial *de mí*?" "¿Cuáles son *mis* necesidades?"

Y si ustedes todavía no saben esto como personas que aman, piénsenlo un poco. Una persona que ama sinceramente desea dar lo mejor de sí mismo, y eso implica desarrollar nuestra singularidad. De hecho, pese a que se nos ha enseñado de manera diferente, todos somos únicos, y eso es lo sorprendente. No hay dos personas iguales. Qué maravilloso habría sido poder enseñarle su singularidad a esa mujer a temprana edad, o el modo de desarrollarla. Y también, lo emocionante de compartirla con los demás.

Como no existen límites para el propio ser, uno siempre será interesante. Siempre tendremos algo que compartir. Sin embargo, ella no se molestó en buscarse a sí misma, y asumió el rol que la sociedad le había impuesto, perdiendo así su identidad.

Lo notable es que nunca se pierde la propia identidad sino sólo temporariamente. Si quieres encontrarte a ti mismo, mira hacia adentro ¡todavía estás ahí! No se pierde nada de lo que alguna vez se tuvo. Y si en alguna oportunidad sientes un vacío en tu interior, es esa maravillosa singularidad que grita: "¡Todavía estoy aquí! ¡Adentro! ¡Búscame! ¡Desarróllame! ¡Compárteme!" Estamos seguros de que lo esencial debe estar "ahí afuera". Ni siquiera sospechamos que se halle "aquí adentro".

No sé si conocen los libritos sufís; son unas obras estupendas producidas por la secta religiosa sufí. Se trata de pequeñas parábolas de lectura muy amena. Son las aventuras que le suceden a un loco hombrecito que llaman "Mullah". Hay una que es muy aguda. Cuentan que un día estaba Mullah en la calle, en cuatro patas, buscando algo, cuando se le acercó un amigo y le preguntó:

—Mullah, ¿qué buscas?

Y él respondió:

—Perdí mi llave.

—Oh, Mullah, qué terrible. Te ayudaré a encontrarla. —Se arrodilló y luego preguntó: —¿Dónde la perdiste?

—En mi casa.

—Entonces, ¿por qué la buscas aquí afuera?

—Porque aquí hay más luz.

Aunque les parezca cómico, ¡eso es lo que hacemos con nuestra vida! Creemos que todo lo que hay que buscar está ahí afuera, a la luz, donde es fácil encontrarlo, cuando las únicas respuestas están en el propio interior. Salgan a buscarlas afuera, que jamás las hallarán. Y si creen que pueden hacer las maletas y escaparse de sí mismos, se llevarán una gran sorpresa. Suban hasta la cima de una montaña de Nepal, y cuando superen la maravilla de estar en Nepal, ¿a quién suponen que verán en el espejo? ¡A ustedes! Con todos sus problemas, su confusión, su soledad, con todas las cosas que ustedes son. De modo que es hora de comenzar a mirar adonde tiene sentido mirar. Lo esencial no está afuera. Por el contrario, se halla dentro de cada uno. Pero adentro está oscuro, y no es fácil buscar en las tinieblas. Y nadie nos enseña cómo hacerlo. En toda su carrera educativa, ¿cuántas clases les dieron sobre ustedes? Les enseñaron matemática, y no digo que no sea esencial, pero se puede *vivir* sin ella. Es muy lindo saber leer, pero se puede vivir muy feliz sin saber leer. Obviamente no les estoy fomentando que no lean, aunque muchos de ustedes hayan pasado muchos años aprendiendo a hacerlo y ahora ya no lean libros. Las estadísticas demuestran que el graduado universitario (esto los impresionará) lee no más de un libro al año luego de haberse recibido.

No existen cursos sobre la vida, sobre el amor, sobre la soledad. Y cuando uno dicta esas clases, les juro que se lo trata como a un loco. Los medios de comunicación me caratularon como "El Doctor Amor". ¡Dios santo! Y supuestamente uno de mis mayores honores fue recibir una carta invitándome a participar en un programa de televisión de gran audiencia.

Vayan a una biblioteca, pidan todos los libros santos y

busquen los rasgos comunes. ¡Qué maravilloso! Hay tantas enseñanzas similares. Jesucristo dijo: "Si quieres hallar la vida, busca dentro de ti".

Lo mismo afirmaron Buda, los Libros Sagrados Hebraicos, el Corán, el Gita, el Libro Tibetano de los Muertos, el Tao. Todos nos recuerdan esto. Aventurarse fuera de uno mismo es inútil puesto que nos internaremos en un bosque donde luego nos perderemos. Si quieres respuestas para ti, búscalas dentro de ti mismo, no fuera.


Pero, ¿qué consideramos esencial? En primer lugar, una de las cosas que creemos que es más importante, y por la que trabajamos casi toda la vida, es *nuestro cuerpo*. Le dedicamos tanto tiempo que hacemos ricos a los negocios de ropa cara. Santo cielo, las miles de variedades de pasta dentífrica que existen. ¡Y los millones de champús para el pelo! Recuerdo que cuando era niño solíamos lavarnos con jabón común y corriente. Ahora hay productos especiales para el pelo suave, el pelo grueso, el pelo fino, el pelo que se cae... ¡Hay tónicos capilares para niños, bebés, adultos y señores de edad! ¡Ni siquiera podemos usar los mismos tónicos! Si uno se pone a pensarlo, realmente se trata de un fenómeno distanciador.

¿No se cansan de tanta pavada? Hay que hacer esto, aquello y lo de más allá. Luego nos vestimos y salimos a comenzar nuestro día. Después volvemos a casa y hacemos todo a la inversa. Nos sacamos todo y nos acostamos. ¡Y por la mañana volvemos a colocarnos todo encima! Pero lo cumplimos porque tenemos miedo de que la gente que nos rodea nos abandone porque no utilizamos cierta marca de desodorante. En cambio, nunca nos dejarán solos si lo usamos. Y así estamos.

El cuerpo es sólo un vehículo. Es magnífico porque transporta lo que es esencial, pero en sí mismo, *no es esencial*.

Entonces, ¿qué *es* lo esencial? Creemos que el aprendizaje es fundamental, y así nos convertimos en adictos al aprendizaje. Olvidamos que los hechos no dan la sabiduría. Nos pasamos la vida aprendiendo datos que consideramos esenciales. Pero estos datos son mera información inútil. ¡Y nos transformamos en adictos a las estadísticas! Por eso es que a algunos nos cuesta tanto cambiar. Suelo preguntarle a la gente: "¿Son ustedes el verdadero *yo* de sí mismos? ¿O acaso son lo que otras personas les han dicho que son?" Toda la vida nos dicen quiénes somos. Algunos hacen de esto un hábito, y lo practican con los demás de manera inconsciente. La mamá, por ejemplo, parada en el mercado con su hijo de la mano, mientras le dice a una amiga: "Éste es el lerdo. El hermano es más inteligente. Siempre tiene que haber uno más lerdo, y después de todo no es mal chico. No me da ningún trabajo". ¿Qué le está diciendo a esa criatura? ¿Se cree que es sordo? Todo el mundo está constantemente enseñándole a los demás quiénes son, qué son. Por eso parecen todos maestros. Como personas que aman, deberán tener sumo cuidado con los rótulos que asignen al prójimo.

No me interesa su caudal de conocimientos porque siguen sin saber nada. Nos impresionamos mucho con las personas que poseen rótulos rimbombantes. Creemos que un título o un doctorado son garantía de sabiduría. ¡No es así! ¡Algunos de los seres más estúpidos que conozco son licenciados! ¡Y algunos de los más sensatos y sabios no saben siquiera lo que es un doctorado!

Tengan presente que su aprendizaje puede obstaculizarlos si creen que lo que conocen es la realidad. Ese estatismo nunca les permitirá crecer, jamás cambiarán. Conozco profesores que dictan las mismas clases que dieron hace veinte años, exactamente de manera similar. He visto a maestros de cuarto grado. Cada vez que les toca enseñar, por ejemplo, la conquista del oeste, abren un cajón y sacan las viejas fichas de la conquista del oeste. Uno puede darse cuenta de que las han utilizado años y años por la cantidad de agujeritos que ostentan las láminas.

¡El conocimiento no es la sabiduría! El solo hecho de aprender no conduce a la sabiduría. La sabiduría es la *aplicación* del conocimiento y de los datos. La sabiduría consiste en comprender que uno no sabe nada. La sabiduría es decir: "Mi mente está abierta. Dondequiera que esté, estoy sólo comenzando".

En nuestra cultura, a menudo pensamos que el goce perfecto es fundamental. No conozco otra cultura que se haya dedicado con tanto ahínco a la búsqueda del placer, tanto que nos olvidamos de que existen otras cosas. Apenas percibimos que no somos felices, tomamos una píldora o bebemos algún jugo de la felicidad. ¿Quién quiere sufrir? Pertenecemos a una cultura que aborrece y teme al sufrimiento. Por favor, no estoy abogando por que nos propongamos sufrir. ¡No me entiendan mal! Prefiero absolutamente enseñar y aprender con felicidad. La felicidad es una gran maestra. Pero también lo es la desesperanza. El asombro es un gran maestro, como también lo es la desilusión. Y la vida es una gran maestra, como también lo es la muerte. Negarse a sí mismo cualquiera de esos aspectos es no experimentar la vida en su totalidad. No conozco ninguna otra cultura del mundo donde transitemos sin experimentar la vida. ¡Tantos de nosotros no sabemos siquiera lo que es! Estamos protegidos contra la vida. No conocemos el valor del dinero, de las cosas, del hambre. No comprendemos el dolor, y (¡Dios no lo permita!) no entendemos la muerte. A un niño no se le permite siquiera acercarse a un muerto.

Muchos de ustedes sabrán que provengo de una familia de inmigrantes. Habían vivido en el norte de Italia, en la zona de viñedos, y nos criaron de manera muy sencilla. Pero no nos protegieron de la vida. Siempre estuvimos al tanto de todo. De la alegría de la casa, de la música, del asombro de la casa. Pero el dolor y la desesperanza de la casa también eran nuestros. No se nos ocultaba nada.

Mi familia era muy extraña porque a veces teníamos *todo* lo que queríamos, y en otras ocasiones no teníamos prácticamente nada. Hacíamos entonces una gran polenta. ¿Conocen la polenta? Es un plato del norte de Italia hecho con harina de maíz, que alimenta mucho. ¡Con seis bocados uno se siente repleto! Al menos no nos quedábamos con el estómago vacío. No nos protegían contra el dolor porque cada vez que papá llegaba y le veíamos la cara larga, él anunciaba: "No tenemos más dinero". A continuación agregaba: "¿Qué vamos a hacer?" Y era tan lindo ver reunirse a todos como un grupo. Yo me convertía en vendedor de revistas. ¿Recuerdan las épocas en que vendíamos revistas de puerta en puerta? Cuánto que nos servía como educación. Todos hacían algo, y experimentábamos la sensación de estar juntos.

Mamá hacía algo extraordinario. Ella conocía muy bien las caras largas de papá. Tenía una cosa que denominaba "la botella de la supervivencia". Solía guardar algo de dinero en la botella, que luego enterraba en el jardín para el día en que no tuviéramos nada. Después hacía algo increíble con ese dinero. Por ejemplo, ¡de pronto compraba un pollo!

Pero aprendíamos mucho de la desesperación y del hambre. Aprendimos mucho del hecho de ser considerados un grupo, integrantes de la familia.

A veces pensamos que las *posesiones* son esenciales para la felicidad. Casas grandes, mucho dinero. Objetivos, se necesitan objetivos importantes. Nos pasamos la vida protegiéndonos contra el destino que, estamos seguros, nos espera a la vuelta de la esquina. Y por hacer esto dejamos de vivir el momento. Si algo debe comprender la persona que ama es que la única realidad que existe es el ahora. El ayer ya pasó, y nada se puede hacer por él. Fue bueno porque nos trajo hasta donde estamos ahora y, pese a lo que nos diga la gente, ¡es un buen sitio donde estar! Pero no podemos remediar el pasado puesto que ya no es *real*. ¿Y el mañana? El futuro es maravilloso para soñarlo, pero tampoco es *real*. Y si uno se pasa el tiempo soñando con el pasado y el futuro, se perderá lo que le está sucediendo *en este preciso instante*. Y ésta es la verdadera realidad. El mañana es demasiado nebuloso.

Hace poco dos alumnos fueron asesinados en nuestro *campus*. Salían de una fiesta donde se habían divertido muchísimo, cruzaban los jardines ¡e *insensatamente* recibieron un balazo en la cabeza! Todavía no se sabe por qué ni quién lo hizo. Ambos habían sido alumnos míos en una época, una chica muy bonita y un muchacho fantástico. Cuando leí la noticia, lo primero que pensé fue: "Ojalá les haya alcanzado el tiempo que tuvieron para vivir todo". Es una pena pensar en aquellos que han invertido tanto en el mañana. No sabemos lo que nos puede pasar en el próximo instante, y ese instante puede perderse para siempre.

Una chica me entregó un poema con permiso para compartirlo con ustedes. Quiero leérselo porque ahí se explica eso de postergar siempre todo, especialmente a las personas que amamos. La autora prefiere permanecer en el anonimato, y ha titulado su poema *Las cosas que uno no hace:*

*¿Recuerdas el día en que te pedí prestado tu auto nuevo y te lo abollé?*
*Pensé que me matarías, pero no lo hiciste.*
*¿Recuerdas cuando te arrastré a la playa, y me advertiste que llovería y así fue?*
*Creí que me retarías: "Yo te lo había dicho". Pero no lo hiciste.*
*¿Recuerdas cuando me puse a flirtear con todos los muchachos para ponerte celoso y lo logré?*

*Creí que me abandonarías, pero no lo hiciste.*
*¿Recuerdas cuando volqué la torta de fresas sobre la*
*alfombra de tu casa?*
*Creí que me golpearías, pero no lo hiciste.*
*¿Recuerdas cuando me olvidé de advertirte que el baile era*
*de etiqueta y apareciste en jeans?*
*Pensé que me abandonarías, pero no lo hiciste.*
*Sí, hubo muchas cosas que no hiciste.*
*Sin embargo me soportaste, me amaste, me protegiste.*
*Yo quería resarcirte por muchas cosas cuando volvieras de*
*Vietnam.*
*Pero no lo hiciste.*

Hay que abrazar la vida a cada instante. No pierdan el
tiempo lamentándose por el pasado; el pasado ya acabó.
Hay que perdonar el pasado y a la gente que nos hizo daño.
No pasarse la vida acusando y lamentándose. Odio a la
gente que vive quejándose por lo que le hicieron los padres.
¿Saben lo que hicieron sus padres? Lo mejor que podían
hacer, lo *único* que sabían y *podían* hacer. Nadie se
propone hacer daño a su hijo adrede, a menos que sea un
psicótico.

¿Puedes perdonar? ¿Puedes olvidar? ¿Eres capaz de
comprenderlos? ¿Eres capaz de abrazarlos? Abrázate a ti
mismo. Comprende una vez más que eres un ser especial,
único, maravilloso, ¡que en todo el mundo hay uno solo
como tú! *Abrázate*, querido amigo. Claro que estás tensio-
nado, que a veces cometes tonterías, que te olvidas de que
eres un ser humano, pero lo más hermoso de ti es que, pese
a todo, tienes la capacidad de *crecer*. Sólo estás *comenzando*. Ahora eres solamente esto, ¡pero existe un infinito que

conocer y encontrar! ¡No pierdas el tiempo lamentándote! ¡Perdona a los demás! Perdónate a ti mismo por no ser perfecto. Y acepta la responsabilidad de tu propia vida.

Nikos Kazantzakis dice: "Tienes tu pincel, tienes los colores. *Tú* pinta el paraíso y sumérgete en él". ¡Hazlo! Toma el naranja, el azul, el verde y el amarillo, y pinta tu paraíso. ¡*Puedes* hacerlo! Puedes hacerlo ahora mismo. Es tu vida lo que es esencial.

No sé cuántos de ustedes han leído la maravillosa obra de Arthur Miller llamada *Después de la caída*. Se trata probablemente de una de las obras más menospreciadas de la literatura norteamericana. La escribió en ocasión del suicidio de Marilyn Monroe, que había sido su esposa, y trató de formularse la pregunta que yo quise hacerme antes, que quizá muchos nos hayamos hecho: ¿Qué podría haber hecho yo para salvar a alguien en mi vida? El tema de esta obra era: "He aprendido a perdonar a otros y a mí mismo". En ella Miller dice algo que me parece bellísimo y querría compartir hoy con ustedes:

*Creo que es un error buscar la esperanza fuera de uno mismo. Un día en la casa hay olor a pan fresco, y al siguiente, se huele a humo y sangre. Un día nos desmayamos porque el jardinero se cortó el dedo, y a la semana nos tropezamos con cadáveres de niños bombardeados en los subterráneos. ¿Qué esperanza nos queda si esto es así?*

*Traté de morir cerca del fin de la guerra. El mismo sueño venía a mi mente todas las noches hasta que ya no me atreví a irme a dormir y me enfermé. Soñaba que tenía un hijo, e incluso en el sueño sentía que el hijo era mi vida, y era un pequeño idiota, y yo le disparaba. Pero siempre se me subía a la falda y se me prendía de la ropa, hasta que pensé: si fuera capaz de besarlo, besar eso que era mío, quizá podría volver a dormir. Y me incliné sobre ese rostro imperfecto y tuve una sensación horrible, pero lo besé.* Creo, Quentin, que al final hay que abrazar la propia vida y besarla.

*Fantástica* aseveración. No importa a quién haya uno herido, siempre y cuando hayamos aprendido a no volver a herir más. No importa qué errores hemos cometido en tanto no volvamos a caer en ellos nunca más, mientras estemos dispuestos a tomar nuestra vida entre las manos, besarla y construir a partir de allí. Entonces habremos crecido. ¡Eso es la vida!

Otro aspecto esencial es la aceptación de la muerte. No quisiera parecer grotesco, pero creo que la única manera de aceptar la *vida* es aceptando la *muerte*. La muerte nos enseña que existe un *límite*. Suelo darles a mis alumnos como tarea que respondan esta pregunta: Si sólo les quedaran cinco días de vida, ¿cómo los pasarían y con quién? A menudo las respuestas son muy simples. Yo siempre escribo largas notas en los trabajos de los alumnos. *¿Por qué no haces esas cosas ahora?*

"Si me quedaran cinco días de vida, les diría a Fulano y Mengano que los amo". ¡Díselo *ahora*! "Si me quedaran cinco días de vida, caminaría por la playa y contemplaría la puesta del sol". *¿Qué estás esperando?*

Sin embargo estamos protegidos contra la muerte del mismo modo que nos protegemos contra la vida. La mayoría de nosotros no sabe cómo manejar la muerte y lleva ese albatros colgado del cuello toda la vida, a punto de soltar las lágrimas. Tenemos que aprender que la muerte es sólo otra faceta de la vida. Es separarse de una parte de nosotros, la continuación de una marcha. La muerte nos enseña a *proseguir*.

Mi madre murió hace sólo dos años, y me enseñó cosas maravillosas hasta el fin. No le creímos al médico cuando nos dijo que estaba en coma. "No se preocupen por ella, porque no se da cuenta si ustedes están aquí o no. No se molesten en venir al hospital; sólo conseguirán estorbar". La familia decidió turnarse, y pasamos muchas horas, día y noche, a su lado, mientras estaba aún viva. Le sosteníamos la mano. ¡Nadie debería morir solo!

A mí me tocó uno de los turnos de noche, y estábamos ahí en la habitación, mamá y yo. De repente ella abrió los ojos. Tenía unos enormes ojos marrones. Justo unos momentos antes yo pensaba: "Voy a echarla de menos. Fue una gran mujer. Siempre nos divertimos juntos. Era una persona que se reía mucho, que siempre tenía chocolates para mí. Y se le ocurrían cosas descabelladas. Y voy a extrañar su ajo". ¿Notaron que todo lo que dije se refería a mí? *Yo* la voy a extrañar, *yo* haré esto, no *me* abandones.

¿Saben cuáles fueron las últimas palabras que me dijo? Abrió sus ojazos italianos, vio que me corrían las lágrimas por las mejillas, y dijo: "Hijo, ¿a qué te estás aferrando?" ¡Imagínense!

*¿A qué me estoy aferrando?* ¿Ven lo que puede enseñarles la muerte? No hay que tenerle miedo. La muerte

nos enseña el valor del tiempo. La muerte nos enseña a mirar y ver... a comprender que los seres que amamos no serán los mismos todo el tiempo. ¡Ya no nos miramos más unos a otros! Estamos tan ocupados haciendo cosas que no nos queda tiempo para mirarnos. No estaremos aquí para siempre. No seremos los mismos mañana por la mañana. Muchos de ustedes tienen hijos en edad de casarse; y, cuando ellos se marchan, uno advierte que nunca tuvo tiempo de verlos crecer. ¡Tan atareados estábamos haciendo cosas *para* ellos que no nos tomamos el tiempo necesario para *mirarlos*!

Dije esto mismo en una conferencia una vez, y dos señoras se miraron con lágrimas en los ojos. Luego una de ellas confesó: "Hace tanto que no miro a mi hijo que no podría reproducir su rostro". La otra mujer admitió lo mismo. Se fueron, entonces, de la conferencia, volvieron a sus casas a unos sesenta kilómetros de distancia, ¡y en plena noche fueron a despertar a sus hijos! Los chicos les preguntaron qué estaban haciendo, qué pasaba. Las madres les respondieron: "Cállate, que quiero mirarte". ¡Por Dios, no dejen de hacerlo!

Las caras de los seres queridos no serán igual a la mañana siguiente, como tampoco lo será la tuya. Los árboles hacen cosas maravillosas. Obsérvenlos paso a paso porque tienen algo de magia. Un día le dije a alguien: "¡Qué bonitos están tus árboles!" "¿Qué árboles?" me contestó. Sinceramente, la frase que más me entristece oír es: "Ojalá yo hubiera...". Bueno, ahora saben que pueden hacerlo. ¿Esa persona está en este instante sentada a tu lado? *Mírala*, tómale la mano. No la sentirás igual. ¿De qué tienes miedo?

"Oh Dios, haber llegado al punto de la muerte", decía Thoreau, "sin haber vivido jamás". Esto nos lo enseña la muerte. En Asia, la muerte está en cada calle. Los niños crecen con la muerte y no le temen. No hay un seguro contra *todo*. Pero nadie puede contratar un seguro para no entristecer. Nadie puede asegurarse para no morir. Es lo inevitable y nos ocurrirá a todos por igual. De ella aprendemos lo que es el amor. Es abrir los brazos, es la libertad. Mantengan los brazos abiertos a la gente. Experimenten la vida, aflíjanse, griten, lloren. Y luego suéltenla.

También creo que es esencial vivir la vida maravillados. ¡Es tanta la magia que nos rodea, y nosotros la dejamos pasar! En Asia dicen que la vida es un gran río, que seguirá su curso pese a lo que hagamos o dejemos de hacer. Podemos decidir flotar con el río y vivir en paz y alegría, o luchar contra él, en medio del dolor y la desesperanza. Pero al río no le importa. A la vida no le importa. En ambos casos, todos nuestros arroyos conducen al mismo mar.

Por último, no sólo es importante lo que uno obtiene de la vida, sino también lo que uno le devuelve.

Hemos olvidado nuestra responsabilidad de dar. Si alguien da amor es porque ama, no porque espera que le retribuyan con amor. Si damos esperando algo en compensación, seguramente no nos sentiremos felices. Cuando le decimos "buen día" a alguien es porque volitivamente deseamos decirlo, no porque esperemos algo a cambio. Si esperábamos una respuesta y ésta no llega, nos desalentamos. "Yo sabía que no tendría que haber dicho buen día".

A veces salgo, le digo buen día a alguien, y esa persona se vuelve y me pregunta. "¿Yo lo conozco a usted?" Y yo le respondo: "No, pero ¿no le parece que sería lindo?" En ocasiones me dicen que no, y están en su derecho. Pero yo hice lo *mío*, saludé. Ellos hicieron lo propio, devolviéndome o no el saludo.

Si no estamos a la espera, tendremos todas las cosas, afirma Buda. Amen porque desean amar. Obren con generosidad porque así desean hacerlo.


Esta semana vino a verme una chica a mi oficina. Se sentó y me habló una hora de *yo, yo* y *yo*. Dijo textualmente: "No estoy segura de lo que pretendo de la vida". Finalmente, este viejo consejero estalló: "¿Qué diablos le das *tú* a la vida?" Todos los días recibes algo de la tierra, del aire, de la belleza. ¿Qué vas a devolver a cambio? Nunca pensamos en lo que debemos devolver, ¿no?

Mientras escribía un libro sobre la tarea del consejero, viví tres meses solo en una cabaña, al norte de California. Todos los días emprendía largas caminatas junto al río y por los bosques. Un día llegué a un bosque de secoyas gigantes y encontré un cartel contra uno de estos enormes árboles, que había puesto algún guardabosque, donde explicaba el ciclo de vida del árbol, probablemente sin darse cuenta de lo hermoso que era. Decía que cuando esa secoya era de tal tamaño nació Buda, que cuando creció hasta tal punto nació Jesucristo, que cuando llegó hasta tal altura Aníbal cruzó los Alpes, etcétera. En el último párrafo afirmaba: "Aun cuando un árbol muere, no se ha acabado todo. Lentamente los agentes de descomposición comienzan a transformarlo. A medida que pasan los años, el árbol se mezcla con el suelo, devolviendo todo lo que había tomado, para que otros puedan vivir". ¿No les parece asombroso? De inmediato pensé que lo mismo podía aplicarse al hombre. Ese hermoso ciclo de continuidad.

Por último, quería decirles que me divierto mucho con las palabras. Me encanta jugar con los términos. He confeccionado una lista de palabras que, en mi opinión, pueden guiarnos hacia lo esencial:

1. *Conocimiento adecuado*, que nos equipará con las herramientas necesarias para nuestro viaje.
2. *Sabiduría*, para cerciorarnos de estar empleando el conocimiento acumulado en el pasado de la manera que mejor nos ayude a descubrir el presente.
3. *Compasión*, para que nos ayude a aceptar las modalidades de los demás, con ternura y comprensión.
4. *Armonía*, para poder aceptar el flujo natural de la vida.
5. *Creatividad*, para poder descubrir nuevas alternativas y senderos en nuestra marcha.
6. *Fortaleza*, para hacerle frente al temor y avanzar pese a la incertidumbre, sin garantía ni compensación.
7. *Paz*, para mantenernos centrados.
8. *Alegría*, para poder cantar, reír y bailar todo el tiempo.
9. *Amor*, para que sea nuestro continuo guía hacia el más alto nivel de conciencia que un ser humano pueda alcanzar.

10. *Unidad*, que nos traerá de vuelta al sitio donde comenzamos, al lugar donde somos uno solo con nosotros mismos y con todas las cosas.

De modo que el estudio del amor me llevó a estudiar la vida. Vivir en el amor es vivir en el centro de la vida, y vivir en el centro de la vida es vivir en el amor.

Para mí, la vida es el regalo que Dios nos hace. El modo en que la vivimos es nuestro regalo a Dios. Hagan con ella un fantástico regalo para Él.

Lo esencial es invisible a los ojos

Lo esencial es invisible a los ojos

Realmente me considero afortunado por haber podido viajar a tantos lugares del mundo y tomar contacto con tantas cosas tremendamente interesantes. Voy a comentarles ahora algo que encuentro en todo nuestro país. Es algo que parece estar sucediéndoles a nuestras mentes. Compruebo que demasiados de nosotros nos hemos perdido en el "viaje exterior", que implica coleccionar objetos, ser más acaudalados, más expertos y sofisticados. Contamos con todo lo necesario para el confort, pero esas cosas no nos han mejorado mucho. Básicamente seguimos siendo seres solitarios, muchos nos sentimos perdidos, y la mayoría, confundidos.

Parecería existir una tendencia para orientarse en otra dirección, hacia el viaje *interior*. Luego de trabajar con niños he llegado a la conclusión de que el único valor que podemos darles a los pequeños es lo que *somos*, no lo que tenemos. Con demasiada frecuencia entregamos solamente objetos externos. Pero a medida que envejecemos nos damos cuenta de que eso no es lo importante. Al tratar con niños lo esencial es transmitirles *quién y qué* es uno. Por eso, cuando me pidieron que hablara esta noche, decidí que trataría sobre un tema: "Lo esencial es invisible a los ojos".

Muchos rostros se animaron cuando pronuncié esas palabras porque las reconocieron. Se trata de una cita de un bellísimo libro titulado *El Principito*, de Saint-Exupéry.* Es la historia de un niño que vive en una estrella. No tiene nada ni a nadie en la estrella, salvo un gran árbol baobab y dos volcanes. Es una criatura muy delicada, sensible y llena de asombro. Por ejemplo, adora las puestas de sol porque son hermosas y un poco tristes. Como el planeta es tan diminuto, cada vez que mueve su silla puede ver otra puesta de sol, de modo que contempla hasta cuarenta y cuatro por día. ¡Espectacular!

Un día aparece una semillita y él la observa crecer y convertirse en una rosa. La mira florecer y transformarse en una espléndida flor. Nunca ha visto una rosa. Al tiempo que la flor se vuelve bella, se hace vanidosa (como suele ocurrir con las cosas bellas). Se acicala y le pide: "Protégeme del sol", o "Protégeme del viento", y literalmente lo vuelve loco hasta que él llega a la conclusión de que no la entiende. Entonces la deja y vuela a otros planetas para adquirir sabiduría, para saber algo sobre el amor, la vida y la gente. Se encuentra con cosas bastante extrañas.

En la tierra conoce a un individuo muy astuto, un zorro, y éste le pide: "Domestícame". El Principito le responde: "Yo no sé lo que es domesticar. ¿Qué significa eso?" Y el zorro le enseña cómo establecer relaciones con la gente, cómo meterse dentro de las personas. Es una parte que yo querría tener tiempo para tratar en detalle, pero ustedes

---

* *El Principito*, de Antoine de Saint-Exupéry, Emecé (Bs. Aires, 1951) (*N. del E.*).

pueden leerlo por su cuenta. El Principito afirma: "Recuerda que no podré quedarme contigo mucho tiempo". Y el zorro replica: "Cuando te vayas me quedaré muy triste y lloraré". El Principito le pregunta: "¿Por qué entonces quieres que te domestique si sabes que eso te causará dolor?" Y el zorro le responde: "Es por el color de los campos de trigo". "No comprendo", replica el Principito.

*...yo no como pan. El trigo de nada me sirve. Los trigales nada tienen que decirme. Y eso es triste. Pero tienes el pelo del color del oro. ¡Piensa qué maravilloso será cuando me hayas domesticado! El grano, que también es dorado, me hará volver a pensar en ti. Y me encantará oír el viento entre los trigales...*

Así fue como comenzaron el ritual de domesticarlo, que consiste en entrar en otra persona. Quiero leerles algo de lo que le dice finalmente el zorro al Principito, antes de su partida, luego de que éste ha sido su amigo:

—*Ah* —dijo el zorro—. *Lloraré.*
—*La culpa es tuya. Yo nunca te deseé el menor mal, pero tú quisiste que te domesticara...*
—*Sí, así es* —repuso el zorro.
—*¿Pero ahora vas a llorar?*
—*Sí, en efecto.*
—*¡Entonces no te ha servido de nada!*
—*Me ha hecho bien por el color de los campos de trigo.*
Y luego agregó: —*Ve a mirar las rosas. Ahora comprenderás que la tuya es única en el mundo. Después ven a despedirte de mí y yo te regalaré un secreto.*

El Principito se alejó para volver a mirar las rosas.

—Ustedes no son en absoluto como mi rosa —dijo—. Todavía no son nada. Nadie las ha domesticado como tampoco han domesticado ustedes a nadie. Son como mi zorro cuando lo conocí. Él era un zorro como miles de otros iguales. Pero ahora es mi amigo y es único en el mundo.

Y las flores quedaron muy avergonzadas.

—Son hermosas pero huecas —prosiguió—. Nadie podría morir por ustedes. Seguramente,' cualquiera que pasara pensaría que mi rosa se les parecía. Pero ella es más importante porque es a ella a quien he regado, a ella coloqué debajo del globo de cristal, a ella protegí detrás de la pantalla, por ella he matado a las orugas (salvo a dos o tres que salvamos para que se convirtieran en mariposas), porque a ella he escuchado, cuando protestaba o se vanagloriaba, o incluso a veces, cuando no decía nada. Porque ella es mi rosa.

Y regresó a encontrarse con el zorro.

—Adiós —dijo.

—Adiós —respondió el zorro—. He aquí mi secreto. Es muy simple. Sólo se ve con el corazón. Lo esencial es invisible a los ojos.

—Lo esencial es invisible a los ojos —repitió el Principito para no olvidarlo.


Hace unos años fui a Cornwall y llevé todos los libros santos que pude. Pasé varios meses leyéndolos en busca de puntos en común, y así me enteré de que en todos aparecía esta idea: si nos dedicamos solamente a los aspectos externos de la vida y del hombre, nos perderemos lo esencial. Permítanme definir los términos una vez más:

cuando hablo de un maestro no me refiero a una persona con un diploma que acredita haber cursado tantas materias aburridas, sino que hablo de los padres, de los tutores, del heladero de la esquina. Todo el mundo enseña constantemente, y por ende es fundamental que sepamos como maestros lo que es esencial. Sólo cuando todos sepamos lo esencial podremos saber lo posible. Y lo asombroso es que lo esencial es amplio y maravilloso, y lo que es visible a los ojos es limitado y pequeño.

Uno de mis héroes, Buckminster Fuller escribió un excelente artículo que publicó en el *Saturday Review*. Es muy típico de él, un hombre que, a los setenta y ocho años, sigue vitalmente interesado en la singularidad del ser humano. Se pregunta por qué todos tenemos algo de mágico, por qué será que, cuando realmente comenzamos a conocer al hombre, no podemos dejar de amarlo por su singularidad. Si negamos entrada en nuestra vida a un solo hombre, jamás nos beneficiaremos con ese rasgo único de su persona. Yo, por ejemplo, quiero que ustedes entren en mi vida puesto que, sin ustedes, mi vida no sería completa. Pero sólo cuando hallen lo verdadero de sí mismos tendrán algo para darme. ¿Por qué leo? ¿Por qué viajo? ¿Por qué amo? Así tendré cada vez más para compartir con ustedes, y ése es el único objeto de poseerlo.

En ese artículo, Buckminster Fuller dice:

*Tengo setenta y ocho años, y me entero de que a mi edad he absorbido más de mil toneladas de agua, comida y aire, cuyo proceso químico es temporariamente utilizado durante diferentes períodos de tiempo como pelo, piel,* carne, hueso, sangre, etcétera, y luego progresivamente descartado. He pesado tres kilos, subí a treinta, luego a ochenta y llegué hasta noventa y tres. Después bajé treinta kilos y pensé: ¿Quién era esos treinta kilos?... Porque aquí estoy. Los treinta kilos que perdí eran diez veces el caudal con que nací, en 1895.

Estoy seguro de que no soy el peso de las comidas más recientes que he ingerido, algunas de las cuales se convertirán en pelo, sólo para ser cortado dos veces por mes. Estos treinta kilos perdidos de química orgánica obviamente no eran "yo", como tampoco lo son los restantes átomos actuales de "mí". Hemos cometido un gran error al asociar "yo" y "tú" con esas químicas verdaderamente pasajeras sensorialmente detectables... Muchas veces se ha pesado a las personas al morir. Numerosas personas pobres, enfermas de cáncer, han permitido que colocaran sus camas sobre una balanza. La única diferencia entre el peso antes y después de morir es la que proviene del aire exhalado de los pulmones, o de la orina evacuada. Sea lo que fuere la vida, no pesa nada.

Luego pasa a hablar de la mente. Sostiene que nuestras ideas sufren un constante proceso de cambio. La mente del niño no es la del adulto. La mente de ustedes esta noche no será la que tengan la semana que viene ni la otra, de modo que evidentemente no es su mente cambiante lo esencial. ¿Qué es eso tan asombroso y nebuloso que él califica de eterno?

Termina su artículo de esta manera:

...la humanidad tiene una función esencial en el universo, en las macro-microextensiones del gran diseño y de su

*realización en el tiempo. Comenzamos a intuir la integri-*
*dad y la inmortalidad del individuo. La conciencia es*
*limitada, pero el conocimiento es eterno. El cerebro es*
*temporal; la mente, eterna. Ser consciente y perceptivo es*
*temporal y limitado. La comprensión y el saber son eternos.*
*Los niños pequeños saben esto intuitivamente.*

Los que trabajamos con niños deberíamos proponernos no sólo encontrar en nosotros el yo más íntimo para
compartirlo con ellos, sino también ayudarlos y darles la
libertad para que ellos hallen su yo más íntimo en sí
mismos, que lo desarrollen, se regocijen con su maravilla y
luego lo compartan con los demás.

Cuando hayan luchado cuerpo a cuerpo, por ejemplo,
con lo que es esencial de ustedes mismos, sólo entonces
podrán decidir lo que es esencial de sus hijos. Y lo cierto es
que a menudo nosotros, los profesionales, tenemos tendencia a considerar a los niños según sus manifestaciones
externas. Solemos dividirlos en pedacitos, y así hacemos
con todos.

Siempre me ha interesado ver cómo tomamos a los
niños. He estado toda la vida en la docencia, y he podido
comprobar lo siguiente: el patólogo del lenguaje ve al
pequeño como un tartamudo, como un problema del
habla; el experto en terapia ocupacional lo ve como un
problema motor; el psicólogo de la escuela lo ve como un
problema emocional o de aprendizaje; el terapeuta físico lo
ve como un problema muscular; el neurólogo lo ve como
un desorden del sistema nervioso central; el conductista lo
ve como una reacción del comportamiento; el asesor de

lectura lo ve como un problema de percepción; el director del colegio lo ve como un problema de organización, y el maestro lo ve como un enigma y con frecuencia, ¡incluso como un dolor de cabeza! Y ahí están papá y mamá tratando de verlo como un todo integral, pero muy pronto los convenceremos de que no es así. Entonces ellos pierden de vista su maravilla potencial y el pequeño se convierte, hasta para ellos, en un "niño problema". Para mí, esto es sinceramente no ver lo esencial.

Todas estas personas están utilizando sólo los ojos para ver lo esencial, y los ojos son los órganos menos fieles, más inconsistentes y perjudiciales del cuerpo. Lo están mirando, pero se les escapa. Quizás el niño sea todo eso que ellos ven, ¡pero es mucho más también! Lo verdaderamente esencial de él es invisible a los ojos.

A menos que tengamos cuidado, vamos a caer en lo que dice Maslov: "Si la única herramienta que tienes es un martillo, tenderás a tratar todo como si fuera un clavo". Por eso, si queremos verlo, tendremos que verlo como el compendio de muchas cosas, visibles e invisibles, que es, y deberemos contar con muchísimas herramientas para trabajar. En eso reside la emoción, el desafío, la *maravilla* de trabajar con seres humanos, contrariamente al trabajo con máquinas.

¿Cuáles son algunos de los factores que nos impiden ver lo esencial? En primer lugar, nuestro aprendizaje, las cosas que hemos aprendido, el lenguaje, la percepción, lo que nuestro sistema nervioso central ha hecho por nosotros. Nuestra mente fija. Hace poco leí unos libros muy

112

interesantes sobre percepción, y finalmente llegué a la conclusión (aunque estoy seguro de que está escrito en miles de lugares) de que el verdadero objeto del sistema nervioso no es permitir la *entrada* de las cosas, como se nos ha enseñado, sino filtrarlas para que *no entren*. Eso se llama "percepción selectiva". Por eso es que solamente vemos una pequeña parte de todo lo que nos rodea. Desde luego, necesitamos la habilidad de filtrar los estímulos externos para poder atender. En este momento varias cosas están sucediendo en esta sala. Cada uno podrá decidir volitivamente centrar su atención en mí y yo lo apruebo porque es muy importante que nos comuniquemos. Entonces no escucharán las toses, ni a la gente que entra, ni el ruido que le hace el estómago a la persona de ai lado, como si dijera: "Tengo hambre; ojalá termine pronto". Nadie oye todo esto porque su voluntad es atenderme a mí y apagar todo lo demás. De lo contrario, podrían pensar en cualquier cosa, en su casa y sus seres queridos, o en lo que fuere. Unos estudios recientes realizados sobre el LSD han puesto de manifiesto que la gente ingiere la droga sin pensar en el daño que le puede ocasionar, y como no está preparada para el tipo de experiencia que le despierta los sentidos, que hace entrar todo de golpe, termina recluida en asilos mentales. Pero el sistema nervioso central, tal como lo hemos educado, existe para filtrar, para sacar. Por eso nuestro aprendizaje es, efectivamente, muy limitado.

Entre ustedes y yo, en este preciso instante, está ocurriendo algo más que la mera vibración del aire producida por estas locas palabras. Estoy seguro de que llegará el día en que muchos de nosotros dominemos tanto las vibraciones, que cualquier disertante podrá pararse aquí y enviar vibraciones que harán estremecer a los oyentes en sus asientos. Ya no serán necesarias las palabras, y qué feliz que será ese día. Como ustedes saben, una de las mayores dificultades que tenemos en el mundo son las palabras. Nunca dejo de sorprenderme de que logremos comunicarnos. Si empleo la palabra "amor" y luego pido que por favor me la definan, obtendré diferentes respuestas. Lo mismo sucedería con "hogar", "cariño", "miedo", "asombro". Resumiendo, nuestras mentes son muy limitadas y simplemente constituyen el receptáculo de la experiencia previamente filtrada.

Creemos que lo que percibimos como la realidad es lo único que existe. Pero, sea cual fuere nuestro grado de desarrollo, estamos sólo comenzando, sencillamente empezando a conocer el universo y a nosotros mismos. En grupos pequeños de terapia de grupo podemos averiguar, en cuestión de minutos, que tenemos sentimientos que jamás hubiésemos soñado, capacidad de percepción, de olfato y sabor de cosas maravillosas que siempre estuvieron ahí pero que jamás descubrimos. Todo eso hay que desarrollarlo. No son cosas mágicas, pero hay que *aprenderlas* y desarrollarlas. Sin embargo, en nuestro mundo ignorante y limitado, suponemos que eso es lo único que existe.

Nunca pensé que la mejor lección sobre percepción me la daría papá. Siempre menciono a mi padre porque fue un gran hombre. De niños nos enseñó a paladear el vino. Cada vez que voy a un restaurante, especialmente en los Estados Unidos, me divierte mucho cuando el camarero me pregunta: "¿Quiere probar el vino, señor?" Entonces vierte un poquito de vino en la copa, yo bebo un sorbo y exclamo: "¡Excepcional!" Y podría ser vinagre.

Mi padre decía que el vino es una ceremonia. El vino estimula todos los sentidos. Primero, miren la copa al trasluz, observen el color. Los diferentes vinos tienen colores distintos. ¡Echen al camarero! Digan: "Oh, miren qué hermoso color" y pásenlo para que todos lo vean. Los camareros están acostumbrados a que lo bebamos enseguida, y ni siquiera esperan para servir el resto. Cuando uno lo ha catado, ellos ya han dado la vuelta a la mesa sirviéndolo. También está el aroma. Hay que hacer girar levemente la copa, colocarla debajo de la nariz y aspirar el espléndido aroma de la uva. Sólo después de haberlo contemplado y olido, llega el momento de acercarlo a la punta de la lengua, que es tan sensible, para luego probarlo por completo. Lo hacemos correr por la boca. Sólo entonces podremos decidir si es bueno o no. Se trata de una experiencia multifacética.

También consideramos esencial nuestro ego, esta personalidad que hemos construido. Permítanme decirles que no han sido *ustedes* quienes la fabricaron, sino alguien más. La gente les ha indicado quiénes son y quiénes no deberían ser, cómo deben moverse, qué olor deben tener, cómo hacer casi todo lo que hacen. Qué bueno sería poder cumplir lo que proponen los asiáticos: "Deja tu ego sobre la mesa. Sal de ti mismo y déjalo ahí." Es la única forma de permitir la entrada de nuevos mensajes. El ego levanta enormes murallas a su alrededor para protegerse. Y a esas paredes las denomina la realidad. Cualquier cosa que no esté de acuerdo con lo que esa personalidad encerrada ve como real, el muro no la deja pasar, de modo que, cuando entra la nueva percepción, está de vuelta donde quería que estuviera. Y así, la mayoría de nosotros transita por la vida viendo sólo lo que *quiere* ver, oyendo lo que *quiere* oír, oliendo lo que *quiere* oler, y todo lo demás permanece completamente invisible. Pero las cosas están ahí. Para verlas, lo único que hay que hacer es dejarlas entrar, tocarlas, paladearlas, masticarlas, abrazarlas (eso es lo más lindo), experimentarlas tal como *son*, no como somos *nosotros*.

También consideramos nuestras adicciones como esenciales. Las llamo así porque nos convertimos literalmente en adictos a ideas descabelladas, y no sabemos cómo desprendernos de ellas. Tenemos todo tipo de ideas locas. Un día me senté solo en la playa y redacté una lista de adicciones autodestructivas. Soy humano, por consiguiente también soy adicto. Lejos estoy de ser perfecto. Lloro, me siento solo. Me abruma comprobar que la gente viene a escucharme. Me anunciaron que vendría una persona en avión a verme desde Nueva Jersey y que había llamado preguntando si yo estaba, porque de lo contrario no viajaría. Dios santo, ¡qué responsabilidad! ¿Qué tengo yo que decir? Supongo que debe haber sido por eso que volví a escribir diecisiete veces esta charla.

Mientras me hallaba en la playa constaté setenta y tres adicciones autodestructivas. Las denomino, al igual que Paul Reps, "la parafernalia del anti-yo". El "yo autodestructivo" está formado por esas ideas alocadas que nos han enseñado y que creemos a pies juntillas. Después, avanzamos por la vida tratando de recibir cosas nuevas, pero esas ideas no nos lo permiten.

El mayor impedimento para ver lo que es esencial lo constituye la *apatía*, el "me importa un bledo", el "estoy muy bien así". "¿Quién diablos quiere percibir vibraciones?" "Que las sienta Buscaglia. ¿A mí qué me interesa? Una flor es una flor. Un árbol es un árbol. ¿A quién se le ocurre ver cuarenta y cuatro puestas de sol?" Estoy dispuesto a hacer cualquier cosa con tal de sacar a la gente de ese estado, porque es peor que la muerte. Puedo enfrentarme con el odio, con la ira, con la desesperación. Puedo vérmelas con cualquier persona que sienta algo, pero no puedo enfrentarme con *la nada*. El otro día recibí una carta demoledora. Decía: "Escuché una cinta grabada en la que usted citaba la obra de Faulkner *Palmeras salvajes*. Allí afirmaba que si tuviera que elegir entre el dolor y la nada, elegiría el dolor. Eso me parece demente. Yo siempre preferiría la nada antes que el dolor".

R. D. Laing, el psiquiatra que menciono tan a menudo, sostiene que "desde el momento del nacimiento estamos programados para convertirnos en seres humanos, pero siempre según lo definen la cultura, nuestros padres y educadores". Lo tremendo de esto es que luego quedamos atrapados en ese aprendizaje. Aquí estamos nosotros, y en una repisa más allá apilamos miles de cosas que pueden no ser nosotros, sino que más bien pertenecen a nuestra familia, nuestra cultura, nuestros amigos, etcétera. Las llevamos con nosotros y luego se transforman en nosotros, y moriremos por defender ese "nosotros", mientras nos hemos vuelto apáticos para evitar enfrentar el desafío del nuevo ser.

También creamos modelos de perfección. Nos pasamos la vida procurando que el mundo exterior se adecue a nuestra idea de lo perfecto. ¡Eso hacemos! ¿Y cuál es, por ejemplo, nuestra idea de un día perfecto? Un día que cumple nuestras expectativas, que transcurre tal como *nosotros* lo deseamos. ¿Y qué es un día desagradable? Un día en que las cosas no se dan tal como las queríamos. ¡Peor para nosotros! Qué pena que el día no salió a nuestro gusto. Sin embargo era perfecto; *nosotros* fuimos quienes obstaculizamos la perfección.

Estas expectativas se refuerzan a sí mismas. Coartan toda posibilidad de que nos llegue algo nuevo que no se ajuste a nuestras adicciones. Lo he visto suceder millones de veces. Las familias trabajan noche y día para construir una hermosa casa para sus hijos, en la que no les permiten vivir. "No te sientes en el sofá". "No juegues en el living". "Sácate los zapatos". "¡En esa pieza no!" Adicciones. Entonces obligamos a la gente a pasar por estas pruebas, y si no estaban destruidos antes, seguramente lo estarán después.

Trabajé en estrecha colaboración con una familia y me resultó una experiencia terrible. El hijo, de dieciséis años, padecía de una severa incapacidad para el aprendizaje y no sabía leer, pero era uno de los chicos más hermosos que jamás haya visto. Físicamente era bellísimo, le gustaba la gente, se maravillaba constantemente del mundo, no del de sus padres sino de su propio mundo lleno de asombro. Ponía todo su empeño. Los educadores no le podían enseñar a leer, pero sus padres insistían en que debía leer porque eso era "indispensable", a su modo de ver. Era tal su insistencia, que dejaran de lado lo que para él era esencial, y ahora el muchacho está recluido en un asilo de enfermos mentales. Nuestra mente no es más que un mero instrumento de experiencia, y aun si este niño fuera a satisfacer veinte de nuestras adicciones por día, la única adicción que no satisficiera nos molestará en la conciencia, haciéndonos desdichados. *¡Realmente funcionamos así!* La gente puede decirnos todo el día que somos maravillosos, que nos merecemos cualquier cosa, pero basta que se acerque una persona y nos diga que no le gustamos, para que nos sintamos destruidos.

Estuve leyendo el libro de Orenstein sobre la conciencia. Es estupendo. Ustedes también deberían leerlo. Allí dice el autor:

*Nuestros sentidos nos limitan, el sistema nervioso central nos limita, nuestras categorías personales y culturales nos limitan, el lenguaje nos limita, y después de todas estas limitaciones, las reglas de la ciencia nos hacen seleccionar aun más la información que consideramos verdadera, y ésta también nos limita.*

*Sin embargo, todo esto puede cambiar.* Podemos cambiar nuestra programación interior y es muy fácil de hacer, pero *nosotros* debemos tomar la decisión. Díganse ya mismo: "Voy a comenzar a experimentar: saborear la comida, contemplar el cielo, oler el aire, sentir las cosas. No me tiraré simplemente en la cama sino que tantearé las sábanas, sentiré mi cuerpo, seré consciente de los sentimientos de otra persona, tocaré a mi prójimo, seré consciente de mí mismo, de mis cambios, de mi crecimiento, de mi ser". Es una vergüenza que, existiendo *tantas cosas*, nos conformemos con tan poco. Somos conscientes de un espacio muy mínimo, y nos contentamos con creer que es todo lo que existe.

También consideramos como esencial a nuestro cuerpo. ¡Dios mío! ¡Pasamos más tiempo ocupándonos de nuestra entidad física que de ninguna otra cosa del mundo! Antes de viajar al Asia, pasé una época en que sentía verdadero fastidio por mi cuerpo, que me insumía tanto tiempo. Dictaba un seminario a un grupo de estudiantes maravillosos, y nos sentamos en mi casa a conversar. El hecho es que les conté lo molesto que me sentía con mi propio cuerpo. Algunos se preocuparon mucho porque supusieron que les daba a entender que quería destruirlo. ¡Nunca! ¡Me gusto a mí mismo! Una profesora de yoga, una mujer excepcional, cierta vez me dijo: "¡Un momentito! Ese cuerpo es tu vehículo. Si pretendes llegar al sitio indicado, a la hora indicada y de la mejor manera, te conviene tenerlo en forma.

Respétalo porque es el vehículo que transporta lo esencial... al menos por el momento".

Así fue como, de pronto, adquirí un nuevo respeto por mi persona. Paul Reps lo comprende muy bien cuando sostiene: "El hombre solía no apartar la mente de su trabajo, y ahora se enloquece frente al espejo".

En consecuencia, nuestro cuerpo no es lo esencial. Por cierto que es importante, como también lo son nuestros pensamientos y nuestra programación. Me gusta la idea de que, dondequiera que uno esté, debe amar porque todo comienza ahí. Hay que pensar: "Sí, me quiero a mí mismo con todas mis adicciones y limitaciones, pero eso no significa necesariamente que vaya a estar así mañana". Es imposible avanzar a menos que seamos conscientes de eso. Si tuviera una varita mágica para cumplir un solo deseo, les haría *creer* esto: "Me gusta el lugar donde me encuentro ahora, en este preciso instante. Soy fantástico".

En Asia tuve la suerte de estudiar con el doctor Wu, uno de los más notables eruditos del taoísmo. Él me enseñó algo magnífico que me dio un respeto aun mayor por el ser humano. Este hombre sabio y bondadoso, Lao Tse, decía que todo es perfecto. Nosotros somos perfectos. El mundo es perfecto. El origen de nuestros problemas es que tratamos de alterar esa perfección. Qué positivo sería si pudiésemos aceptar el hecho de que somos un ser perfecto. ¿No les parece lógico? ¿Quién es el yo más perfecto que yo? ¿Tu prójimo? ¿Y cómo pueden los demás decirnos cuál es el perfecto yo? Sólo uno es capaz de saberlo.

También suponemos que lo esencial son nuestras incesantes actividades mentales y físicas. ¿Saben cómo denomino yo eso? ¡Estar *estático*! Paul Reps, en su libro *Ser*, afirma: "Pensando cinco o seis ideas al mismo tiempo nos entrenamos para mantener una tensión crónica. Todo a nuestro alrededor nos enseña la tensión. En ninguna parte encontramos pautas para alcanzar la serenidad y la felicidad. Pobre hombre, creado para proteger a todas las criaturas, ni siquiera se protege a sí mismo".

Vivimos a marcha acelerada, analizando todo. Pensamos constantemente. Nos vamos a la cama con la cabeza llena de cosas, no sabemos cómo vaciarla, y después nos es imposible dormir. Por eso es que hay ahora un movimiento de gente que intenta disminuir ese estar *estático*. Sin embargo, hay personas que se paran a los costados y nos llaman idiotas. Más vale que aprendamos a vaciar nuestra mente; de lo contrario nos volveremos locos. No podemos estar las veinticuatro horas del día preocupados por nuestro hijo. De vez en cuando hay que poder liberarse de todas las cosas. Así nos sucederá algo maravilloso. No nos encontraremos con "nada" sino con "todo", sólo que entonces será nuestro sin esfuerzo. Es una sensación sin igual.

Estamos aprendiendo a soltar nuestra mente sin temor a que se nos pierda. ¿Sabían que en los países del área comunista existe una nueva ciencia (que pronto conoceremos, pero que por el momento guardan como si fuera un arma) según la cual, vaciando la mente de un individuo, se le puede luego introducir ahí cursos enteros de estudio en dos o tres semanas?

Cuando me hallaba en el Asia tuve una feliz experiencia en un monasterio. Lo primero que me enseñaron fue el "no pensar". ¿Qué es eso? Es una situación en que a uno lo encierran en una habitación totalmente carente de estímulos exteriores, a oscuras. Ahí uno se encuentra con su "yo". La persona recibe un mínimo de comida para no desfallecer. Se vive en la penumbra total. No hay libros para leer, ni televisión, ni nadie con quien hablar. Es un gran regocijo estar enfrentado solamente con uno mismo. ¿Saben cuáles fueron mis primeras impresiones? Me dije: "Tengo que seguir pensando. Tengo que aferrarme a mi estatismo". Y así continué hablándome literalmente, rememorando canciones infantiles incluso, porque creía que, si no empleaba el lenguaje, me volvería loco.

Varios libros sagrados nos enseñan que, "para hallarse uno mismo, primero hay que perderse a sí mismo". Al cabo de cierto tiempo sentí un enorme placer al liberar mi mente. Sencillamente dejé que las cosas sucedieran solas. Es maravilloso quedarse quieto, olvidarse de todo, darle un descanso a la mente agotada, experimentar un momento de paz. ¡Pruébenlo! Me enseñaron una técnica notable que ustedes pueden poner alguna vez en práctica. Cierren los ojos y mediten sobre la punta de su nariz. Borren todo lo demás de su mente. Concentren todas sus energías en la punta de su nariz. ¡Ahora piensen que se les cae la nariz! Inténtenlo una noche antes de acostarse, y se quedarán dormidos en el acto. Como decía, el eterno estatismo que uno considera como esencial, no sirve de nada. Aléjenlo de sí y quizá se sorprendan de las muchas cosas nuevas que les sucederán.

También descubrí un libro estupendo llamado *La Cábala*, un libro sagrado hebreo. De él aprendí algo muy interesante que quiero compartir hoy con ustedes:

*El hombre debe comprender que nada realmente es sino que todo cambia constantemente. Nada permanece inmóvil. Todo nace, crece y muere. En el mismo instante en que algo alcanza su pico máximo, comienza a declinar. La ley del ritmo está en continuo funcionamiento. No existe la realidad. Nada posee una propiedad de duración ni substancialidad. Lo único permanente es el cambio. El hombre debe comprender que todas las cosas son producto de la evolución de otras, una incesante acción o reacción, un construir o un derribar, creación o destrucción, nacimiento, crecimiento y muerte. Nada es real, y nada subsiste excepto el cambio.*

Para aceptar esto, tenemos que dejar atrás el estatismo. Es necesario perderse a sí mismo para encontrarse. Es menester perder la mente para volver a hallarla.

También consideramos esenciales nuestras necesidades de seguridad. Esto es muy importante en nuestra cultura. Aprendemos esas adicciones de otros adultos que también se han vuelto adictos a la necesidad de seguridad. Pensamos que acumular cosas es imprescindible. Coleccionar personas influyentes es necesario. Proponiéndonos metas nos sentimos seguros. El dinero en abundancia también nos produce seguridad.

Tuve una experiencia muy interesante antes de partir para el Asia. En el término de dos meses robaron tres veces mi casa. La primera vez denuncié el hecho, y la policía vino a echar un vistazo. Anotamos muchas cosas que faltaban, y yo le comenté al funcionario: "Bueno, a lo mejor esos individuos lo necesitaban más que yo". El hombre se puso furioso y yo prometí no volver a decir eso. Dos semanas más tarde volví a casa y comprobé que habían robado de nuevo. Y aproximadamente un mes después, sufrimos un tercer robo. Recuerdo que me senté en el medio del piso del living, y pensé: "Cada vez que vienen se llevan algo, y cada vez hay menos que robar. Quizá cuando me hayan sacado todo, cuando ya no quede nada, habré terminado yo solo con el crimen".

Y el asunto del dinero... En mi primer viaje al Asia viví con treinta y cinco centavos diarios. ¡La última vez viví con veinte dólares por día! ¿Y saben una cosa? No lo pasé mejor. Simplemente engordé más. El dinero no es necesario. Es *agradable*, pero no imprescindible. La única seguridad que existe está en uno mismo, nada más. Día a día el

124

dinero va perdiendo su valor. Todo el mundo se aferra al oro. Sin embargo, los budistas dicen algo sugestivo: "Nos despertamos como ángeles pero nos vamos a dormir como demonios porque todo el día hemos corrido en busca de la seguridad". Andamos a las disparadas, damos empujones porque creemos que eso hay que hacer, porque nos olvidamos de detenernos y reflexionar sobre lo que es verdaderamente esencial. La seguridad está en uno mismo. *Yo* soy mi propia seguridad.

También consideramos esencial la satisfacción de nuestras necesidades sensoriales. Cuanto más poseemos, más queremos. Las cosas buenas nunca nos parecen suficientes. Nunca obtenemos suficiente atención. Nos mantenemos siempre ocupados buscando gratificación por estas cosas. Empero, lo que recibamos nunca va a ser suficiente a menos que antes lo seamos *nosotros*.

Constantemente anhelamos los momentos de euforia porque no queremos sufrir. Sin embargo, se aprende mucho del sufrimiento. Desde luego que yo prefiero aprender y enseñar en la felicidad, pero negar que el sufrimiento tiene valor es un error tremendo. No ansiemos sufrir. Experimentemos el dolor, tomémoslo en nuestras manos y luego soltémoslo. Pero no nos privemos de vivirlo porque puede enseñarnos muchas cosas. Sufrir y no aprender con la experiencia es una absoluta estupidez. Es muy hermoso experimentar la mayor cantidad posible de picos de euforia, pero es menester construir a partir de ahí, experimentar más y más y más en términos de potencial, y luego los momentos de depresión serán más fáciles de aceptar y de dejar partir.

Entonces, ¿qué es lo que no somos? No somos nuestro cuerpo. No somos nuestra programación. No somos nuestra educación. No somos nuestros entes físicos. No somos nuestras sensaciones. No somos nuestras percepciones. No somos nuestro poder. No somos nuestros sentimientos actuales. No somos nuestras actuales reacciones. En parte, somos un poco de todo esto, ¡pero somos también mucho más! No obstante, si nos convertimos en adictos de estas cosas, nos quedaremos con ellas eternamente. Comprendan que estas cosas pueden ser ustedes *ahora*, pero constituyen una mínima parte de lo que ustedes *pueden* ser. Dentro de ustedes, es más lo que aún no se ha realizado que lo que sí. De hecho, lo realizado es infinitesimal.

Dag Hammarskjold dijo algo que resume todo esto:

*En cada momento uno se elige a sí mismo, pero, ¿elige su verdadero yo? El cuerpo y el alma contienen mil posibilidades a partir de las cuales se pueden construir muchos "yo". Sin embargo, solamente en una de ellas existe congruencia entre elector y elegido, sólo una que jamás encontraremos hasta no haber excluido todos esos superficiales sentimientos y posibilidades de ser y hacer con los que jugamos por curiosidad, por intriga o por codicia, y que nos impiden echar anclas en la experiencia del misterio de la vida y la conciencia del talento confiado a uno, y de la maravilla que hay en uno, lo que constituye el verdadero "yo".*

Entonces, ¿cómo entramos en contacto con nosotros mismos? En primer lugar, *tomando conciencia*, siendo conscientes de todo, de la vida, del crecimiento, de la muerte, de la belleza, de la gente, de las flores y los árboles. ¡Abramos nuestra mente y comencemos a ver y sentir! ¡Comencemos a experimentar, y no nos avergoncemos de ello! Toquemos, mastiquemos como nunca lo hemos hecho. ¡Sigamos creciendo! Y a cada instante iremos cambiando. Abran la mente, abran el corazón, abran los brazos y abarquen todo. Se puede seguir tomando, tomando y tomando, y nunca nos quedaremos sin nada. Siempre hay algo más. Cuanto más miremos en un árbol, más habrá para ver. Escuchar una sonata de Beethoven nos conducirá al infinito. Tomen un libro de poesía, que los conducirá a la belleza. Si aman a una persona, ese amor los llevará a otras. Continúen creciendo.

Las dicotomías: bueno o malo, correcto o incorrecto, normal o anormal. Todo eso no existe, pero sí las gradaciones, posibilidades y creatividad. Una de mis alumnas es una joven ciega que es mucho más normal que yo. Ella ve... rotundamente. Y piensa: "Para mí es tan normal ser ciega como para usted ver". ¿Qué es lo normal? ¿Qué es lo correcto? ¿Qué es lo incorrecto? En la medida en que tengas libertad podrás optar por alternativas, siempre y cuando estés dispuesto a aceptar la responsabilidad de ser libre. Y luego de probar tus alternativas, si no funcionan según tus deseos, no me culpes a mí sino a tu elección. E intenta con otra.

Tuya es la decisión. Tú tomas el pincel, seleccionas los colores, pintas tu paraíso y vives en él. O pintas el infierno si lo prefieres, pero no me eches a mí la culpa de ello. Sólo tú eres responsable. La vida no es un fenómeno aislado sino una parte de la experiencia general, que constantemente ejerce y recibe la influencia de cada nuevo momento. ¿No te gusta tu situación actual? ¡Cámbiala! Sé alguien *distinto*. Haz lo *tuyo*, y aprende de la experiencia.

Tampoco hay que evitar los estados negativos porque de ellos se puede aprender también. No evitar a las personas que nos causan estados negativos. Tenemos la tendencia de dar media vuelta y marcharnos, pero ellos nos exigirán que nos revaloremos, que nos veamos desde otra perspectiva. Sally no nos altera; somos nosotros quienes se alteran a sí mismos. Ella nos pone en un estado negativo porque no actúa según nuestras expectativas. La causa de nuestro dolor no es Sally sino nosotros mismos. Debemos aprender de nuestros estados negativos.

Otra cosa que aprendí en Asia y que me gustaría transmitirles es ésta: desprenderse de las *expectativas*. Buda, que tenía su manera sencilla de decir muchas cosas fascinantes, sostenía que cuando uno dejaba de abrigar expectativas, lo tenía todo. Eso es maravilloso. Si cada uno hace lo suyo sin esperar nada a cambio, ya tiene todo lo que necesita. Si le dan algo en retribución, lo acepta con los brazos abiertos. Siempre tendría que llegar como una sorpresa. Pero si se espera una reacción y ésta llega, es un aburrimiento. Si uno deja de esperar lo tendrá todo. Hay que aceptar lo que la gente da, valorarlo, abrazar, besar, tomarlo con alegría, pero *no esperarlo*. Si queremos sufrir, sigamos con nuestras expectativas. La gente no está en este mundo para cumplir con nuestras expectativas.

Por último, lo único que realmente nos hace falta ya está dentro de nosotros. No hay más que reconocerlo. Cada uno es el ser perfecto, y jugar con la perfección es buscar el dolor.

Quiero finalizar con una cita de la traducción que hiciera Bynner del *Tao Te King*, de Lao Tse. Esta obra compendia todo aquello de lo que he hablado, pero lo expresa de un modo mucho más bello que yo. ¿No les resulta curioso que todos los libros sobre la sabiduría sean tan breves? Yo he demorado una hora y cuarto en exponer lo que Lao Tse resume en noventa palabras:

*El poder de la palabra no puede definir la existencia. Se pueden utilizar muchos términos, pero ninguno es absoluto. En el origen no había palabras. Éstas nacen del vientre de la materia. Y tanto si el hombre ve desapasionadamente el núcleo de la vida o si apasionadamente ve la superficie, núcleo y superficie son lo mismo; las palabras los hacen parecer diferentes sólo para expresar apariencia. Si se necesita un nombre, que ese nombre sea maravilla, y luego, de maravilla en maravilla, se abre la existencia.*

Los niños con quienes trabajamos, cualquiera sea el rótulo que les apliquemos, su yo esencial, eso que es inmortal, es infinito. Los que han trabajado con niños saben que éstos poseen un potencial inacabable. Nuestra misión consiste en hacerlos capaces de reconocer las cosas a *su* manera, y estar a su lado para cuando necesiten ayuda, apoyo, aliento. Y si aprenden a maravillarse, seguramente tendrán éxito.

Puentes, no barreras

Me interesó profundamente —como supongo que también a ustedes— el tema de esta conferencia: "Los puentes hacia el mañana". Desde niño me fascinaron los puentes, de modo que cuando me enteré del tema, fui a consultar el diccionario, y esto es lo que encontré: algo que cruza una brecha, un paso sobre un terreno hundido o sobre un obstáculo. Y me pareció maravilloso puesto que estos últimos cuatro o cinco años realmente me he dedicado a saltar brechas, a construir caminos sobre terrenos hundidos, a superar obstáculos, a hacerle la vida más fácil a las personas que me rodean.

Me gusta pedir definiciones a los niños porque dan las respuestas más hermosas. Si quieren disfrutar un rato, pregúntenle a una criatura qué significa tal o cual cosa. Mi sobrina de cinco años está comenzando a tantear el mundo. Toca todo, prueba todo. Un día le pregunté: "¿Qué es un puente?" Lo pensó un largo instante y luego me contestó. "Es cuando se cae la tierra debajo de ti, y tienes que construir algo para conectar los pedazos".

¿No sería estupendo que nos pusiéramos en la tónica de unirnos al mañana y destináramos esta conferencia a tender puentes, a superar obstáculos? ¡Qué días maravillosos que pasaríamos! Pero eso implicaría que cada uno de ustedes debería volcarse sinceramente hacia sí mismo. El grupo puede hacerlo, pero todo empieza con el individuo. Antes de encararlo como grupo, creo que el primer puente que hay que levantar es el puente hacia cada uno.

Me preocupa ver cuán poco nos han enseñado el respeto por nosotros mismos. Muchos de ustedes saben que durante once años dicté un curso sobre el amor. Allí les preguntaba a mis alumnos, si tuvieran la posibilidad de elegir, dónde les gustaría estar y quién les gustaría ser. Lo sorprendente es que, en ese hermoso grupo de personas sensibles, el ochenta por ciento, o más, manifestó deseos de ser otro y de estar en otro lugar. ¡Las chicas querían ser Jackie Onassis! Jackie Onassis no tiene nada de malo, más aún, creo que es, sin duda, la mejor Jackie Onassis. Pero si *todas* tratan de ser ella, fracasarán.

¡Los varones deseaban ser Burt Reynolds! Un solo Burt Reynolds ya es suficiente. Yo me alegro de que él exista, lo mismo que Jackie. Pero también me alegro de que exista cada uno de nosotros. Es fundamental que cada uno pueda pararse frente al espejo y decir: "Espejito, espejito mío, ¿quién es la persona más increíble del mundo?", y creerle a pies juntillas cuando éste responda: "¡Eres tú, querido!" Quizá no tengamos la estatura que más atrae o nuestras caderas sean algo más anchas de lo que nos gustaría ¡pero somos lo mejor que tenemos! Y cuando reconozcamos esto, comenzaremos a avanzar. Nadie podrá detenernos.

No hay muchas escuelas que enseñen el respeto por uno mismo. No existen muchos modelos que puedan afirmar: "Me gusto no sólo por lo que soy sino también por lo que tengo de mágico y de potencial". Porque habrás de saber que no eres tanto en realidad como en potencia. Sentimos la necesidad de decirles a los niños: "Hay algo más que un simple lector. Eres algo más que un simple receptor. Eres infinito". Necesitamos gente que nos lo enseñe, pero que primero lo crea. De lo contrario sería algo falso, y no resultaría.

Uno de los momentos más fascinantes de mi carrera docente fue cuando comencé en la Universidad de California del Sur. Nunca había enseñado en el nivel terciario. Mi experiencia con la escuela primaria y secundaria, me había encantado, pero después me fui dos años al Asia. Al regresar pensé que me gustaría probar en la universidad. Cuando me enfrenté por primera vez a esa enorme clase, descubrí que habíamos creado un montón de personas apáticas a lo largo de los niveles de enseñanza, alumnos hartos de aprender. Cuando el maestro entraba en el aula con entusiasmo, sólo se encontraba con gente que anotaba automáticamente todo lo que uno decía por temor a toparse con alguna pregunta capciosa en los exámenes. A veces me veía obligado a decir: "¡Suelten esos malditos lápices y escuchen!" (Creo ser un docente muy persuasivo. En ocasiones les he arrojado naranjas a los estudiantes. ¡De alguna manera hay que despertarlos!).

"¿*Qué* diablos quiere éste?", pensaban en la clase. Simplemente, establecer un contacto humano. Lo primero que hice en ese curso de la universidad fue buscar ojos bondadosos, y no vi muchos. Cabezas bajas, sí. Lápices en movimiento, sí. Pero ojos, no. Encontré un par de ojos bellísimos, era una jovencita de la cuarta o quinta fila, y noté que reaccionaba a todo lo que yo decía. Supe, entonces, que me estaba comunicando por lo menos con una persona, y eso era un buen comienzo. Pero si alguien adopta conmigo la actitud de "seguir al gurú", se sentirá perdido porque advertirá que estoy tan confundido como él. La diferencia está en que yo *lo sé*. Un maestro budista me dijo cierta vez: "¿Por qué sigues moviéndote, si ya estás ahí?" Y de repente caí en la cuenta: "¡Dios mío, estoy!"

Será una experiencia maravillosa el día en que comprendamos que cada uno es un ser único en el mundo. Nada hay que sea un accidente. Cada uno es una combinación especial con un propósito, y no permitamos que nos digan lo contrario porque sería una ilusión. Cada uno es esa combinación única y tiene por fin realizar aquello que es esencial para sí. No creamos jamás que no tenemos nada con qué contribuir. El mundo es un tapiz sin terminar, y solamente uno mismo puede llenar ese minúsculo espacio que es suyo.

Celebren su humanidad, su locura. Celebren su soledad. Celébrense a sí mismos. Yo no quiero ser otra cosa que lo que soy, o sea un ser humano. Sinceramente me agrada ser humano. Y eso implica olvidar; implica golpearse contra las paredes, entrar en una habitación errada, equivocarse de piso al bajar del ascensor. Se abren las puertas, yo salgo y descubro que estoy en el sexto piso en vez de en el tercero, y me digo: "¡Otra vez lo hiciste, mi buen amigo!" Es fantástico ser humano. Anoche concurrí a

136

un cóctel muy elegante, y alguien me entregó una copa de un magnífico vino tinto. Como a mí me encanta el vino, tomé delicadamente la copa entre mis manos. En ese momento apareció una persona que gritó: "¡Leo!" y me abrazó, y el vino salió volando por los aires. Todo el mundo chilló, aunque el vino se había derramado sólo sobre mí. Y yo exclamé lo que acostumbran los italianos en esas circunstancias: "¡Alegría!", pero a nadie le pareció alegre. Nadie fue capaz de ver que eso le añadía color a mi noche.

Los que realmente se preocupan, los verdaderos maestros, están siempre aprendiendo de los niños. Ustedes no son de esos que se paran frente a la clase y gritan: "Estamos esperando que Sally termine de hablar". No debe extrañarles que Sally piense: "Sigue esperando, vieja…" Imagínense qué sensación de triunfo es saber que toda la clase lo espera a uno. Tal vez la maestra debería preguntarse qué es eso tan importante que está diciendo Sally, y la escuche. Es impresionante cómo les hablamos a los chicos. Presten atención a lo que les dicen. En el noventa por ciento de los casos les transmitimos cosas, pero no conversamos con ellos. No hacemos más que decirles cosas.

En una de mis visitas a los indios sioux de Dakota del Sur, fueron a buscarme al aeropuerto y viajamos por los campos en un enorme camión con una familia india. Adelante íbamos el pequeño David, la mamá, el papá y yo. Mientras charlaba con los padres sobre todas las cosas importantes que hacemos, de pronto me di cuenta de que estaba dejando de lado a David. Entonces me volví hacia él y le pregunté: "David, ¿qué sabes hacer?" Y él me respondió: "¡Muchas cosas!" "¿Cómo qué?" "Por ejemplo, sé escupir". ¡Qué les parece! Los que han trabajado toda la vida con niños anormales saben que cuando la boca no funciona bien, puede demandar años enseñarle a alguien que frunza los labios para que se produzca el milagro de escupir a voluntad. Uno lo da por descontado. "¿Qué más sabes hacer, David?" "Sé meterme el dedo en la nariz". ¡Apuesto que sí! ¿No les parece una especie de milagro poder levantar la mano cuando uno quiere meterse el dedo en la nariz, y llevarlo directamente hasta allí? ¡Celebren su propia maravilla!

Todo comienza con cada uno, y el gran puente que conduce a uno hacia los demás es *el* puente hacia uno mismo. Ése es el importante. Si yo crezco, puedo dar más de mí. Aprendo para poder enseñar más. Me vuelvo más consciente y sensible para poder aceptar mejor la sensibilidad y la toma de conciencia de los demás. Y lucho por comprender mi humanidad para poder entender mejor a los demás como seres humanos. Y vivo en perpetua admiración de la vida para permitir que los demás también celebren su vida. Lo que hago por mí lo hago por los demás. Y lo que los demás hacen por sí mismos, lo hacen por mí, de modo que nunca es algo egoísta. Todo lo que se ha aprendido, se ha aprendido para los que nos rodean.

Debemos dejar el "tú" y optar por el "nosotros". Es el modo más bello de verse a uno mismo y ayudar a que los demás se vean a sí mismos. El poder deriva de eso. Por consiguiente, primero los puentes hasta uno mismo, pero no nos detengamos ahí. La próxima gran brecha es hacia los demás.

La década de los años sesenta fue una época increíble. Todo se cuestionaba. Ser docente en esa década fue uno de

138

los puntos culminantes de mi carrera. Mis alumnos no se limitaban a sentarse y escribir sino que contradecían todo lo que yo decía. ¡Qué tiempos para enseñar y para aprender! Los años sesenta se caracterizaron fundamentalmente por ser tiempo de expresión, de representación, de disenso, de cuestionamiento. Ahora nos preguntamos qué pasó con los años setenta. ¿Saben lo que está comenzando a emerger? Que los años setenta fueron años de introspección, de serenidad. La gente se replegó en su interior al reconocer que ya no había viajes *externos* que realizar. Si realmente pretendemos encontrar respuestas, debemos mirar hacia adentro. Hemos pasado ya casi diez años de introspección, y parecería que lo único que hemos producido es una enorme cantidad de individuos egocéntricos que no son capaces de volver a relacionarse con lo exterior. ¿Será que habremos perdido el tiempo?

Ya es momento de salir, de comenzar a tender puentes hacia los demás. Ése es el segundo puente. La salvación provendrá del trabajo en conjunto con objetivos comunes, no de las actitudes mezquinas. Uno de los descubrimientos más significativos que he realizado estos últimos años es que no siempre debo tener razón. Así, uno es libre de tener razón algunas veces. ¿Quieren saber otra cosa que comprendí? Yo puedo estar en lo cierto, y también los demás. Las dicotomías son fenómenos distanciadores. Averigüemos primero lo que tenemos en común. No hay dos de nosotros iguales en esta sala, y sin embargo tenemos mucho en común, y es preciso comenzar a partir de los rasgos comunes. Si logramos tomar contacto con esto, habremos emprendido la marcha.

No existe lugar en el mundo adonde no podamos

llegar en veintiséis horas. Somos todos vecinos. Recuerdo las épocas cuando, lloviera o tronara, todos los domingos el clan Buscaglia se trasladaba a Long Beach. Long Beach queda ahora a veinticinco minutos del centro de Los Ángeles, pero en ese entonces demorábamos tres horas desde el lugar donde vivíamos. Ahora todo queda muy cerca.

Es imposible que caiga una hoja de un árbol sin que nos afecte a todos y cada uno de nosotros. No hay lugar donde ocultarse. Todos influimos sobre los demás. Preciso es, entonces, que comencemos a tender los puentes; de lo contrario las grietas serán tan profundas que jamás lograremos sortearlas.

Existe un sitio remoto en Tailandia central, próximo a la frontera con Malasia. En el medio de una gran extensión de agua se halla una isla diminuta, y allí está enclavado un monasterio budista. Como no tienen agua, deben traerla desde tierra firme en barco, y guardarla en un enorme tanque. Un monje budista estaba tratando de explicarme el provincialismo y me contó una bella historia. Dijo: "Trabajas mucho el día entero y regresas ansiando beber un vaso de esa agua tan preciada que no se puede derrochar. Abres el tanque, metes tu cucharón y ves una hormiga en el interior del barril. ¡Te pones furioso! Piensas: '¡Cómo te atreves a estar en mi tanque, debajo de mi árbol, en mi isla… y con mi agua!' Y matas la hormiga. Pero, si puedes reflexionar antes de matarla y decir: 'Hoy hace mucho calor y éste es el lugar más fresco de la isla. No le haces daño a mi agua', te sirves del agua de alrededor de la hormiga y bebes. Eres una persona libre". Y el maestro agregó: "También existen los hombres *no atados*. ¿Sabes

140

cómo es? Apenas abres el barril y ves la hormiga, no piensas en bueno o malo, justo o injusto. De inmediato convidas a la hormiga un terrón de azúcar". ¡Eso es amor! Debemos empezar a reconocer que cada uno es la única persona que puede suministrarse el azúcar que le hace falta.

El tema de "los puentes hacia el mañana" es fascinante, pero poco me preocupa a mí el mañana. En cambio, pienso mucho en el presente. Mi maestro solía decirme que la mayoría de nosotros vive una ilusión. Vivimos en el pasado, nos afligimos por lo que sucedió ayer. Nada se puede hacer por el pasado, y nunca habremos madurado si todavía le echamos la culpa a alguien o a algo de lo que sucedió otrora. No te aferres al ayer porque éste se colgará de tu cuello y te arrastrará hacia abajo. "Eso me lo hicieron mis padres". ¿Sabes lo que te hicieron tus padres? Te dieron lo que conocían. ¡Dios los bendiga! Quizá no hayan sido perfectos. Lo triste del caso, y tal vez la razón de tu desilusión, es que creías que sí lo eran, y ellos *permitieron* que lo creyeras.

Quiero leerles algo que me encanta. Lo encontré en el *Journal of Humanistic Psychology*. Fue escrito por un hombre de ochenta y cinco años que se enteró de que estaba por morir. Dice: "Si pudiera vivir nuevamente mi vida, la próxima vez trataría de cometer más errores. No intentaría ser tan perfecto". Todos tenemos la manía de la perfección. ¿Qué diferencia habría si permitiéramos que la gente supiera que somos imperfectos? Así podrían identificarse con nosotros. Nadie puede identificarse con la perfección.

Y continúa: "Me relajaría más. Sería más tonto de lo

que he sido. De hecho, tomaría muy pocas cosas con seriedad. Sería menos higiénico". ¿No les gusta?

El anciano de ochenta y cinco años sostiene: "Correría más riesgos, haría más viajes, contemplaría más atardeceres, subiría a más montañas, nadaría en más ríos, iría a más lugares adonde nunca he ido. Comería más helados y menos habas". Sinceramente nos fascina privarnos, como si fuese una suerte de autocastigo. Desde luego que no podemos hacer todo lo que se nos ocurre, pero de tanto en tanto necesitamos hacer algo descabellado. Ir a la sección especial del supermercado, ver algo que siempre nos gustó y sacarlo del estante y no arrepentirse.

Y prosigue: "Tendría más problemas reales y menos de los imaginarios". El noventa por ciento de las cosas que nos preocupan jamás suceden, y sin embargo seguimos afligiéndonos por todo. Por eso las compañías de seguros son las empresas más rentables de los Estados Unidos. Nos aseguran contra todo. "Yo fui una de esas personas que vivió sensata y profilácticamente cada minuto de su vida. Claro que tuve mis momentos de alegría, pero si pudiera volver atrás, trataría de tener solamente bellos momentos". Por si no lo sabes, de eso está hecha la vida. Sólo de momentos. No te pierdas el ahora. "Yo era de esos que nunca iban a ninguna parte sin un termómetro, una bolsa de agua caliente, un impermeable y un paracaídas. Si tuviera que volver a vivir, viajaría más liviano".

Buda hizo una increíble aseveración: "Cuanto menos poseas, menos tendrás para preocuparte". Todo el mundo concuerda; no obstante, nos pasamos coleccionando cosas.

Tenemos en nuestros armarios objetos que no hemos usado en mil años. Es un insulto para la persona que los fabricó guardarlos encerrados en armarios. Úsalos, que para eso se hicieron. Y finalmente afirma: "Si pudiera volver a vivir, comenzaría a andar descalzo a principios de la primavera, y seguiría así hasta concluir el otoño. Daría más vueltas en calesita. Contemplaría más amaneceres. Y jugaría con más niños si tuviera otra vez la vida por delante. Pero ya ven, no la tengo". Ni tú ni yo sabemos lo que hay en el más allá, pero conocemos lo que hay aquí.

La vida está en nuestras manos. Podemos elegir la alegría o hallar la desesperanza, dondequiera que miremos. ¿Por qué será que alguna gente siempre ve hermosos cielos, flores bellísimas y seres humanos bondadosos, mientras que otros no encuentran nunca un lugar bonito?

Un último comentario: me gustaría que pudiéramos tender nuevos puentes hacia la locura. Estoy harto de la cordura, especialmente en la forma que la definimos. Busqué "locura" en el diccionario y encontré que la definición incluía "éxtasis", "entusiasmo" y "risa". (Búsquenla ustedes, si no me creen.) Me preocupa que nuestra sociedad dependa de las risas grabadas, como en los programas de televisión.

Mi maestro budista empleó la palabra exacta. Escúchenla y díganme si no les causa impacto en las entrañas: arrebato. ¡Arrebato! Tenemos derecho a experimentar un arrebato antes de morir. ¿Alguno de ustedes se ha sentido alguna vez transportado? En su libro sobre psicosíntesis, Assagioli afirma que muchos de nuestros problemas parten del hecho de que estamos obstaculizados por la rutina. Hacemos la misma cosa, de la misma manera, día tras día, y

143

por consiguiente nos aburrimos. Y cuando uno se aburre, se convierte también en un aburrido. Rompamos la rutina, cambiemos los viejos estilos". Piénsenlo. La mayoría de nosotros vive la vida exactamente de la misma manera día tras día. Nos bajamos de la cama del mismo lado. Entramos en el baño, tomamos el dentífrico y lo colocamos sobre el cepillo de dientes. Nos miramos en el espejo y exclamamos: "¡Dios mío!" Nos damos una ducha, salimos, bebemos una taza de café y nos vamos por la puerta de siempre. Por una vez en la vida que cada uno de nosotros salte por encima de su marido o mujer. "Eh, ¿qué estás haciendo?" "¡Estoy cambiando mi vida!" Propongámosle a esa encantadora persona que está casada con cada uno de nosotros: "Te invito a desayunar afuera esta mañana". Si protesta: "Pero si hoy no es domingo", contestémosle: "No importa, vamos igual". ¿Cuánto de magia podrá haber en ese desayuno?

Todos estos puentes deben ser edificados en el amor.

En la India, cada vez que uno se encuentra o se despide de alguien, une las manos y dice: *Namaste*, que significa: "Honro el lugar en ti donde reside todo tu universo. Si tú lo habitas en ti y yo lo habito en mí, ambos somos uno".

*Namaste.*

# El arte de ser plenamente humano

Me preocupa siempre un poco por dónde empezar porque sé que algunos de ustedes han leído mis libros dado que me han escrito cartas maravillosas, o han visto videos de mis conferencias, y conocen bastante bien mis temas habituales. Otros, como no podía ser de otra manera, no tienen idea de quién soy. Eso también es bueno porque podremos llegar a conocernos esta noche.

Esta noche quiero referirme a un tema que me apasiona: el arte (sí, literalmente el *arte*) de ser plenamente humano. No sé lo que piensan ustedes, pero a mí me atrae muchísimo la idea de que soy humano y tengo todo el potencial de serlo.

Recuerdo que en una ocasión me impresionó terriblemente algo que leí en un libro de Haim Ginott. Es algo muy conmovedor, escrito por una directora de escuela, que se lo entregó a Ginott:

*Soy sobreviviente de un campo de concentración. Mis ojos vieron cosas que ninguna persona debería presenciar. Cámaras de gas construidas por ingenieros de verdad. Niños envenenados por médicos. Infantes muertos por enfermeras diplomadas. Mujeres y bebés asesinados por egresados secundarios y universitarios. Por eso desconfío mucho de la educación. Mi pedido es: ayude a sus alumnos a ser humanos. Sus esfuerzos nunca deben producir monstruos eruditos o psicópatas educados. La lectura, la escritura, la ortografía, la historia y la aritmética sólo son importantes si sirven para que nuestros alumnos sean más humanos.*

¿Saben lo que pienso? Enseñamos todo tipo de cosas a la gente, salvo lo esencial, que es la vida. Nadie nos enseña nada sobre la vida. Se supone que uno debe saberlo. Nadie nos enseña cómo ser humanos, y qué significa esto, y la dignidad implícita en la afirmación: "Soy un ser humano". Todos dan por sentado que es algo que deberíamos haber adquirido por ósmosis. Pero eso no se aprende por ósmosis.

Me gusta participar de paneles porque me encuentro con bellísimas personas. Todo el mundo busca las definiciones. ¿No les resulta interesante? "Doctor Buscaglia, ¿puede usted definir el amor?" Y yo respondo: "En absoluto. Pero sí trato de vivirlo".

Es sumamente difícil de definir porque se trata de un concepto muy amplio. Cuanto más vivo en la alegría y la belleza, mejor soy como persona. Cada día amo más y mejor. Y definir esto, sería ponerle un límite. Pero al menos, tengo una idea de hasta dónde he llegado en esta marcha. También sé, sin embargo, que si tiendo mi mano, cualquiera podría darme nuevas definiciones, nuevos aportes, y juntos podríamos crecer.

Tal vez haya dos mil concurrentes aquí esta noche. Todos ustedes han conocido la soledad, la desesperanza, ni uno solo ha dejado de llorar. ¿No es maravilloso? Pero al mismo tiempo, no hay muchos que no hayan reído o conocido la felicidad. Somos semejantes porque yo también he vivido esas experiencias, y estamos todos dedicados a la misma lucha: llegar a ser totalmente humanos. ¡Qué magnífica meta nos hemos propuesto!

Para mí, probablemente lo más emocionante del mundo es tomar conciencia de que tengo la posibilidad de ser totalmente humano. No puedo ser un dios, pero sí puedo ser cabalmente humano. Quisiera referirme a algunas de las cosas que considero esenciales para convertirse en un ser humano pleno.

Si no poseo sabiduría sólo puedo enseñar mi ignorancia. Si no poseo alegría sólo puedo enseñar la desesperanza. Si no tengo libertad sólo puedo encerrar en jaulas. Pero puedo entregar todo lo que tengo. Ése es el único motivo para tenerlo.

Cada uno es esa mágica combinación que jamás volverá a repetirse, y no importa quién sea, cuán entusiasmado o deprimido se sienta. Todo lo propio es algo único y especial. ¡Ojalá supiésemos transmitirle esto a los niños pequeños para que no demoren una *vida entera* en averiguarlo! Hay un mundo único para compartir.

Los que se han dedicado a estudiar la percepción saben que cada uno ve el mundo de modo diferente. Sin embargo, se trata del mismo mundo. No observamos un árbol de la misma forma, pero es siempre el mismo árbol. ¿No sería magnífico que pudiésemos compartir ese árbol y verlo de dos diferentes maneras? A menos que cada uno asuma su responsabilidad, jamás se completará el dibujo. Yo nunca veré el árbol de los demás, y estoy convencido de que aún sufrimos desdicha, desesperación, angustia y todas esas cosas porque la gente no comparte sus mundos.

Erich Fromm afirma que lo más lamentable de la vida actual es que la mayoría de nosotros morimos sin haber nacido realmente. ¡No te pierdas a ti mismo! Elizabeth Kübler-Ross sostiene que los que gritan más en el lecho de muerte son los que nunca han vivido. Han sido observadores de la vida, sin tomar parte activa en ella. No han corrido riesgos. Se pararon siempre a un costado.

Cada vez que le tendemos la mano a alguien existe el peligro de que nos abofeteen. Pero existe también la posibilidad de que alguien se nos acerque y nos acaricie con amor.

Una de las cosas más bonitas que he presenciado sucedió en un parque. Había una pareja que se había hecho de tiempo en sus horarios enloquecidos de cosas importantes para llevar a su hijito al parque. El niño se encaminaba hacia el lago. El papá fue a detenerlo. La madre, que debe de haber sido una persona inteligente y llena de amor, lo tomó del brazo y le dijo que lo dejara. Y allí partió la criatura con paso vacilante pues se notaba que apenas sabía andar. La historia tiene un final feliz: el niño no se ahogó. Estoy seguro de que el corazón de la madre latía con fuerza. Pero toda maduración implica un riesgo.

Debemos regresar a ese punto de nuestra infancia donde todo el mundo era un gigantesco misterio que había que descifrar. Siempre me digo: "Quiero saberlo todo. Quiero sentir, tocar, saborear y comprender todo, y como no hay tiempo en la vida, es preciso hacerlo ahora". Debemos valorar cada momento como si realmente fuese el último que nos quedara porque bien podría serlo.

Mucha gente tiene pánico a la muerte. Felizmente yo he llegado a hacer las paces con ella. La considero un factor muy positivo porque me indica que cuento con un tiempo limitado, y no hay trucos que valgan. La muerte nos enseña esto desde el momento en que nacemos. Jamás se ha ocultado. Si está escondida es por culpa nuestra. Nadie saldrá vivo de este mundo. Pero aunque les parezca mentira, algunos así lo creen. ¡Actuamos como si contáramos con la eternidad! "¡Eso lo haré *mañana*!" "Siempre quise trepar una montaña. Mañana lo haré". Tal vez no puedan.

Mis alumnos suelen decir: "Cuando termine los estudios tendré tiempo para leer". Yo les respondo: "¡No lo harás! Si no lees *ahora*, nunca vas a leer".

Por eso, debemos recordar que todo comienza con nosotros, y que no podemos alegrarnos con nadie en este mundo si no estamos felices con nosotros mismos. ¡Con todas nuestras locuras y olvidos! Incluso con la capacidad de hacer daño.

Uno de los mayores atributos del ser humano es la capacidad de perdonar. "Te perdono por ser algo menos que perfecto". Exijamos que todos sean perfectos el día que uno también lo sea. ¡Así estaremos todos seguros! Que cada uno se celebre a sí mismo, con alegría y admiración y, al mismo tiempo, a *los demás*.

La mayoría de ustedes saben que soy loco por el otoño, que es mi estación preferida. Las hojas caídas me enseñan muchas cosas. Cuando llega el otoño y los árboles pierden sus hojas, suelo levantar algunas y ponerlas en los pupitres de mis alumnos. Y les pregunto: "¿No les parece que las hojas son un milagro?" Comienzo a hablar de sensación y percepción usando la hoja como ejemplo. Entonces, todos los que la han tirado al suelo se agachan y la recogen (claro, no sabían que formaba parte de la clase).

Recuerdo a una estupenda chica ciega de ese curso. Mientras todos hablábamos sobre lo que veíamos en las hojas, ella dijo algo que nadie había pensado: "¿No creen que una hoja seca *huele* bien?"

Prefiero no alivianar mi jardín de hojas caídas, pero tengo vecinos excesivamente prolijos. La casa de Buscaglia, según ellos, es sucia. Uno de mis vecinos tiene una de esas máquinas aspiradoras de hojas. No soporto verla funcionando. Al menos *mis* hojas están a salvo.

Una vez estaba dictando un seminario en casa y se presentaron mis vecinos. Les aclaro que son bellísimas personas, sólo que demasiado limpios.

Golpearon; yo dejé un minuto a los alumnos, y fui a atender. "Leo, sabemos que usted viaja los fines de semana y que trabaja en la universidad el día entero, y que por lo tanto no tiene tiempo de barrer las hojas. Como tenemos esta máquina maravillosa, ¡se las recogeremos nosotros!" Creo sinceramente que son personas muy bondadosas, y estaban dispuestas a hacerme *ese* favor. Les respondí: "No es necesario. No sabía que las hojas les molestaban. Ya salgo a recogerlas". Hablamos unos minutos y ellos se fueron. Al regresar a la sala, mis alumnos estaban furiosos. "¡Tendría que haberles dicho que ésta es su casa, y que aquí usted hace lo que quiere…!" "*¡Cállense la boca!*" les grité (realmente soy un asesor persuasivo). "Salgan, junten esas hojas y limpien todo. Pónganlas en barriles, éntrenlas y tírenlas en el piso del living".

No me creían. "*¡Por supuesto que hablo en serio!* Todavía nadie puede indicarme qué es lo que debo tener en el piso de mi living". Así fue como volcamos esas hojas maravillosas en el suelo, nos sentamos sobre ellas y continuamos con el seminario. Que quede en claro que en ocasiones necesito de mis vecinos y que me alegro de tenerlos al lado. Ellos quedaron contentos, y yo muy feliz de tener las hojas en casa. Fue muy sencillo. ¿Sabían que la mayoría de divorcios y rupturas de parejas ocurre por motivos *estúpidos e insignificantes*? "Quiero divorciarme. Ella aprieta el tubo de dentífrico en la mitad, y eso me vuelve loco". Por Dios, cómprate dos. "Él deja la ropa tirada por toda la casa. ¡Y yo no soy su sirvienta!" No eres su sirvienta a menos que quieras serlo. ¡Déjala en el suelo! ¡Esquívala al caminar! "Pero ¿qué van a pensar los vecinos?" Será problema de ellos si entran y se espantan al ver seis abrigos en el piso. "Ah, sí, son de mi marido. Simpático, ¿no? Le encanta dejar sus sacos en el piso. Yo no los toco. ¡Se divierte tanto buscando uno para ponerse por la mañana!"

La próxima vez que te fastidies y te enojes, reflexiona. Por lo general, los motivos de tales fastidios son una tontería. Si lo meditas, te reirás.

Lo que me aterroriza de nuestra cultura es la falta de humor. Tomamos todo tremendamente en serio. Hemos olvidado cómo se ríe. Los que sean de mi edad o más, traten de rememorar cuánto se reía uno antes en su casa. Yo ya no oigo risas.

Las cosas no son divertidas. Hemos olvidado el gozo

de la risa y, peor aún, no aceptamos nuestra propia locura. Reconozcamos que todos somos un poco locos. *¡Oh, la felicidad de tomar contacto nuevamente con esa locura!*

Cometamos alguna locura de tanto en tanto, al menos una vez. Y veamos qué pasa. Iluminará nuestro día.

Recientemente me invitaron a hablar ante mil monjas, en Wisconsin. ¡Mil monjas y yo! Mamá debe de haber estado encantadísima allá arriba. Vieran qué hermoso fin de semana lleno de amor pasamos. Cuando me invitaron, me anticiparon: "No tenemos dinero. Pero ocurre que estaremos aquí reunidas en la sede central de nuestra orden por unos días. Algunas no nos hemos visto en más de diez años. Nos gustaría que viniera a compartir su amor con nosotras".

Era otoño, y esa estación es esplendorosa en Wisconsin. Les dije que las hojas me parecían hermosas. Entonces salieron y juntaron una enorme bolsa para que me llevara a mi casa. También les hice un comentario sobre el zapallo más grande que jamás había visto. Los zapallos de Wisconsin son impresionantes. Me dieron uno de regalo. Una de las hermanas horneó un pan digno de la mesa más exquisita. Tendrían que haberme visto sentado a esa mesa. Lloraba de verdad. Me preguntaban: "¿Qué le pasa, hermano Buscaglia?" "Nada. Solamente que esto es tan sabroso".

La hermana me regaló dos panes. Esa noche, antes de tomar el avión de regreso de Chicago, me dieron tres kilos de queso de la zona. No iba nadie en el avión, salvo las azafatas y yo con los panes, el zapallo, una bolsa de hojas secas y el queso.

Luego de la consabida pregunta: "¿Café, té o leche?", apagaron las luces. Es una maravilla sentirse a dos mil metros de altura, en la penumbra de un avión, suspendido. De pronto se me ocurrió una locura. Fui hasta el sector central, levanté todos los apoyabrazos, tomé mis hojas y las coloqué sobre los asientos. Después coloqué el zapallo en la mitad del asiento, un pan a cada lado, repartí el queso alrededor y apreté el botón para llamar a la azafata.

Y apareció esa chica cansada, esperando tener que servir té, café o leche. "¡Mire!", le dije. *"Dios mío"*, exclamó ella, y se iluminó como un arbolito de Navidad. "Quiero compartir todas estas cosas", le dije. "Fueron compartidas conmigo, y ahora querría disfrutarlas contigo y las demás azafatas, si lo desean".

"Espere un momentito", me contestó. Fue a buscar a sus compañeras y trajo además dos botellas de vino californiano, que sirvió en vasos de vidrio verdadero, no en ésos de plástico. Fue el viaje más veloz de regreso de Chicago que jamás hiciéramos. También creamos una costumbre. Todos los años nos reunimos en el otoño. Y todo porque alguien decidió compartir algo que podría haber sido suyo solamente, y transformarlo con un poco de magia.

Puesto que somos humanos, tenemos algo de mágico. Cuando sientan deseos de alguna locura, no la nieguen. Aunque sea *una vez*... y luego me cuentan qué sucedió.

Finalmente creo que, si hemos de ser humanos, debemos reconocer, a falta de algo mejor, una modalidad democrática. Eso significa saber que no hay nadie mejor ni peor que nosotros. Creo que algunas veces nos olvidamos de que todo el mundo es humano.

Suelo contar una historia que para mí posee mucho sentido. Me eligieron para participar de una "reunión de celebridades" en St. Louis junto con quince o veinte educadores de todo el país.

Durante tres días soportamos las exposiciones de todos aquellos eruditos. ¡Dios santo! Lo único que puedo decir es que, si el futuro de la educación de los Estados Unidos dependiera de esas personas tan entendidas, ¡estamos *perdidos*! En la mitad de una resolví que ya estaba harto. Me vino la locura. Dije: "Discúlpenme", y me fui de vuelta a casa.

Un día iba yo caminando junto al río cuando vi un viejecito sin dientes, y realmente muy sucio para nosotros que somos tan limpios. El hombre bebía una botella de vino barato, comía un trozo de queso y ostentaba una amplia sonrisa en el rostro. Cuando pasaba a su lado, me dijo: "Buen día, hijo". Cualquiera que me llame "hijo" es mi amigo. Me senté entonces con él y comenzamos a hablar. Compartimos el vino, el queso y la charla. Y le dije: "Se lo ve tan feliz, tan satisfecho. ¿Tiene algún secreto para la felicidad?" Sin dudarlo un instante me respondió: "Por supuesto que sí". "¿No me lo diría?" "Desde luego, hijo. Si quieres ser feliz toda tu vida, mantén siempre tu mente llena y tus intestinos vacíos". ¡Eso sí que es sabiduría! ¡Y nadie lo invitó a él a una reunión de cerebros! Tendrían que haberlo llamado.

Creo firmemente que esta magnífica condición de humanos, con toda su maravilla, es el regalo que nos hace Dios. Y lo que hagamos con ella será nuestra ofrenda al Todopoderoso. No se contenten con algo menos que ofrendarle a Dios el perfecto regalo que son. Y disfruten haciéndolo. Gracias.

# Los hijos del futuro

Me interesa el tema de la conferencia de hoy. Creo que concordarán conmigo en lo ridículo que es fijar *un* año especial dedicado al niño. Todos los años deberían ser el Año del Niño, y ya es hora de que lo reconozcamos. Quizá nosotros podamos contribuir a que se comprenda que los niños nos necesitan desesperadamente. Quiero referirme hoy al concepto de los hijos del futuro.

Me gustaría comenzar leyéndoles un trozo del espléndido libro *El Mundo de los Niños*, de Anthony Storr. Él afirma que todos somos niños por más que la mayoría lo hayamos olvidado. Creo que sería hermoso si pudiéramos volver a tomar contacto con los comienzos, cuando estábamos tanteando el mundo, cuando veíamos nuestro primer árbol. Todos tuvimos que pasar por el proceso de advertir la primera flor y redescubrir el fuego. Es una larga evolución que todavía nos sigue comprometiendo, o al menos eso espero. Continuamos conociendo el mundo. Ya no nos basta con ver un árbol sino que queremos treparlo, olerlo, abrazarlo, paladearlo, masticarlo, realmente *experimentarlo*. Y eso es lo que le da el toque de magia y maravilla a la vida. Pero Storr dice esto:

*Qué ignominioso es ser niño. Ser tan pequeño que te puedan alzar en brazos y moverte según el capricho de otros. Que te alimenten o no. Que te higienicen o te dejen sucio. Que te den felicidad o te dejen llorando. Ciertamente es una indignidad tan profunda que no ha de sorprender que algunos de nosotros jamás nos recuperemos. Puesto que uno de los temores fundamentales es que nos traten como cosas, no como personas. Que nos manejen y nos empujen fuerzas impersonales, que los más poderosos y superiores nos consideren banales. Cada uno de nosotros podrá ser un diminuto átomo o un enorme universo, pero necesitamos saber que contamos, que nuestra individualidad requiere atención. El hecho de ser descartado como persona es una especie de muerte en vida contra la cual nos vemos obligados a luchar a brazo partido.*

Creo que quienes nos dedicamos a la docencia sabemos, tal vez más que otros, lo difícil que es encontrar esa personalidad propia y mantenerla, y no decir "Yo soy" sino "Yo estoy creciendo", puesto que en realidad, en muchos sentidos aún no hemos nacido. Y que yo sepa, no existe una escuela de vida y hay muy pocos modelos, me refiero a personas que puedan afirmar verdaderamente: "Estoy creciendo y me resulta maravilloso. La vida es hermosa, lo mismo que el mundo".

Hay un libro que siempre ha sido uno de mis preferidos, *El Idiota*, de Dostoievski. No sé cuántos de ustedes lo conocen, pero si algún día tienen tiempo (es un tomo muy voluminoso) léanlo porque es excelente. El personaje es el príncipe Myshkin, una suerte de santo extraviado en un mundo pecador. Parecería que todo lo que él toca se convierte en dolor y desesperanza, y él no entiende por qué. Sufre ataques de epilepsia, y cuando eso le ocurre, adquiere una gran perspicacia. La mágica pluma de Dostoievski lo describe así:

*De repente, en medio de la tristeza, la tiniebla espiritual y la opresión, aparecía un fogonazo de luz en su cerebro. Y con extraordinario ímpetu, todas sus fuerzas vitales comenzaban a funcionar a pleno. Una luz notable inundaba su mente y su corazón. En el acto se disipaban toda su inquietud, todas sus dudas y sus ansiedades. Pero esos fogonazos eran sólo el preludio del instante en que comenzaba el ataque.*

Cada vez que le daba un ataque, adquiría mayor perspicacia, y en un determinado momento, cerca del final de la novela, todo se transforma en un destello dentro de su mente, y él grita: "Oh Dios, ¿por qué no se lo decimos a los niños?"

Yo hago mías sus palabras. ¿Por qué no se lo decimos a los niños? ¿Por qué no les advertimos que tienen una opción, que pueden convertirse en seres que aman y no en frustrados? Si miramos a nuestro alrededor veremos demasiados frustrados. No sé si les pasa a ustedes, pero a mí me asusta saber que ocurren más de veintiséis mil suicidios por año en los Estados Unidos. Las últimas estadísticas demuestran que los delitos violentos se han incrementado en un siete por ciento. ¿Dónde está la gente que podía casarse y continuar en ese estado, criando una familia, durante cincuenta años? ¿Cuál es la diferencia? Bueno, quizá sea porque todos crecimos en jardines cercados por muros. Nos protegieron de la vida. No se nos permitió verla siquiera, como si fuese algo horrendo y atemorizante, y por ende hubiera habido necesidad de mantenernos encerrados entre paredes artificiales, en jardines llenos de flores. Sólo en la adolescencia trepamos ansiosos ese muro y comprobamos que no tenemos armas para sobrevivir a la realidad.

Como no queremos padecer dolor, tomamos calmantes, nos drogamos, nos emborrachamos. Tenemos miedo de vivir, pero más aún de morir. Nos encanta echarles la culpa al pasado y a las personas del ayer, pero somos impotentes respecto de nuestro presente y futuro. Recelamos de los demás, pero sobre todo de nosotros mismos. Nos hemos olvidado de cómo escuchar nuestra propia voz. Somos incongruentes con lo que parte de nosotros. Nos perdemos el presente. Lo dejamos escapar. No sabemos que tenemos opciones y que podemos escoger la felicidad. Carecemos de designios y realmente no entendemos la vida. Jamás nos preguntamos: "¿Qué estoy haciendo aquí?" ¿Tu misión es estar aquí sólo para ocupar un espacio?

He pasado mucho tiempo de mi vida en monasterios zen y budistas y en comunidades de la India tratando de aprender todo lo posible de la mayor cantidad de culturas. Felizmente pude así enterarme de que existen diferentes caminos. Pero una cosa que vi en la India nunca la encontré en ninguna otra parte, y me sucedió de una forma casi mágica. Al llegar a Calcuta me bajé del tren, y no había avanzado ni cuatrocientos metros cuando de pronto, en un arrebato de percepción, ¡vi todo lo que hay que ver de la vida! Vi miseria, desesperanza, vi niños famélicos. Vi personas de mirada desolada, vi alegría. Vi flores, bailes, vi belleza y muerte. ¡En cuatrocientos metros, cuando había demorado tantos años sólo en comenzar a comprender de qué se trata la vida!

Y a eso me refiero cuando afirmo que les negamos la vida a los niños. Esperamos hasta la edad adulta para enseñarles la muerte. Hacemos que los pequeños crean que la vida es un jardín de rosas. Qué desilusión cuando se dan cuenta de que no lo es. Dejamos que nos crean perfectos, y qué terrible es cuando advierten que no lo somos. ¿Qué tiene de malo enseñar el concepto de humanidad comportándonos como seres humanos?

No obstante, antes de enseñarles la vida a los pequeños hemos de volver a aprender a hablar con ellos con sencillez. Me gustaría escribir un libro titulado *Cómo Hablar con los Niños*, porque lo único que veo que hacen los adultos es hablar por o más allá de ellos. Nunca nos comunicamos *con* ellos. Para poder tomar contacto realmente con las criaturas hay que estar dispuesto a sentarse en el suelo, ponerse a su altura, quedar cara a cara con ellos. Debemos procurar introducirnos en su mundo y dejar de hablarles del nuestro. Escucharlos. Pedirles que nos digan qué ven, qué oyen y sienten porque, aunque les sorprenda, quizás ellos nos enseñen algo. Tal vez recobremos algo de la magia que poseíamos y habíamos olvidado.

¿Saben a qué he llegado estos últimos años? Me he preocupado más por *desaprender* que por aprender. He tenido que liberarme de toda la basura asimilada. Y, a medida que lo hago, me vuelvo más libre, puedo convertirme en algo para los demás. Sigo concurriendo todo el tiempo a las escuelas porque, como dije, creo que lo más importante del mundo es ser maestro. Pero me topo con maestras que gritan: "No saldremos del aula hasta que la fila esté derecha". Qué cosa importante. Nada se puede aprender hasta que la fila esté derecha. "Johnny, ¿por qué hiciste eso?" ¡Por Dios, demoraríamos toda una vida en ser capaces de responder esa pregunta! ¿Qué se supone que debe contestar Johnny? ¿Cuál sería nuestra respuesta? ¡Increíbles modos de no comunicarse con los niños!

Me gusta lo que sostiene Haim Ginott:

*El niño tiene derecho a pedir mensajes claros a los adultos. El modo en que padres y maestros le hablen al niño le ayudará a aprender qué debe pensar de sí mismo. Las palabras ajenas afectan su autoestima. En gran medida, el lenguaje de los mayores determinará su destino. Padres y maestros deben erradicar la insania tan insidiosamente oculta en su lenguaje cotidiano, los mensajes que llevan al niño a desconfiar de su propia percepción, a desconocer sus sentimientos y dudar de su valía. La denominada habla "normal" enloquece a los pequeños. Echar culpas y avergonzar, predicar y moralizar, ordenar con autoritarismo, amonestar y acusar, ridiculizar, amenazar y sobornar, diagnosticar y pronosticar; todas estas técnicas bestializan,*

166

*vulgarizan y deshumanizan a los niños. La sensatez se adquiere sólo cuando confiamos en nuestra realidad interior, y dicha confianza sólo se aprende a través del proceso de la verdadera comunicación.*

¿*Qué* necesita saber un niño? Me gustaría enunciarles algunas de las cosas que considero esenciales que les digamos a los niños. Lo primero, debemos comenzar a hacerles conocer desde pequeños el maravilloso bagaje de imaginación que es estrictamente de ellos. Creo que algunos de nosotros lo hemos olvidado.

Uno de los rasgos característicos de nuestra sociedad es que nos sentimos más cómodos si podemos meter a todos dentro de un molde. ¡No debemos dejar que nos encasillen! Mira los rostros de los niños. Jamás he visto dos que fueran iguales, y eso me gusta. Me agrada pensar que son esa combinación que nunca volverá a repetirse en la historia de la humanidad. Si llegamos a comprender eso, sentiremos orgullo. Y en cuanto al verdadero sentido, ¿acaso creen que están aquí para nada, que esos rasgos únicos que poseen son para nada? Considero al mundo como un tapiz gigantesco donde cada uno tiene la responsabilidad de bordar un pedacito; si no asumimos esa responsabilidad, el tapiz nunca quedará completo y todos estaremos peor.

En conclusión, debemos enseñar a los niños que son únicos en el mundo. Y esto es difícil porque no lo creemos.

Debemos lograr que los niños comprendan que no sólo poseen esos increíbles rasgos únicos, sino que también tienen algo que a veces olvidamos: es mucho más lo que no se ha descubierto de ellos que lo que sí. Y allí reside lo asombroso. Estén donde estén, sólo se hallan comenzando, y el gran viaje de la vida consiste en sacar todo a la luz y descubrir lo magnífico que llevamos adentro.

Sólo recientemente he comenzado a entender qué significa eso que alguien me dijo alguna vez: "En mi casa hay muchas habitaciones" porque estaba acostumbrado a pensar que mi casa se componía de un enorme y cómodo living. Ahí podía yo vivir, invitar a mis amigos, hacer cosas hermosas. Pero un día se me ocurrió que todo lo que había allí eran cosas que alguien me había ayudado a poner. Miles de decoradores me habían adornado el cuarto. De repente también caí en la cuenta de que ese living tenía muchas puertas. Un día cometí la locura de abrir una y me encontré con una habitación sucia, oscura, llena de telarañas. Presa del miedo, mi primera reacción fue volver a cerrar la puerta. Después reconocí que ese cuarto también estaba en mi casa, y que por lo tanto era mi obligación limpiarlo, amueblarlo y habitarlo. Entonces entré y lo transformé en un lugar magnífico, y ahora tengo *dos* habitaciones para invitar a las personas que amo. Esa habitación tenía siete puertas más. Abrí todas. Una me condujo a la música, otra al arte, otra al amor, otra a la belleza, otra a la alegría. Ahora tengo numerosas habitaciones, y cada una con siete puertas más. ¡Es de nunca acabar! Nadie ha encontrado jamás el final de las habitaciones de su casa. Podemos seguir eternamente.

Hace poco se realizó en una universidad del Medio Oeste un interesante experimento sociológico con los alumnos, relativo al acto de dar y compartir. Se le pidió a cada estudiante que trajera diez centavos y se les dijo: "En la India hay gente que se muere de hambre. Están azotados por las plagas y sinceramente necesitan ayuda. Si ustedes creen que pueden contribuir para esa causa, pongan la moneda en un sobre y escriban *India* en él. Ese país queda muy lejos, pero también existen *ghettos* aquí, hay familias que precisan alimentos para subsistir. Si quieren colaborar con ellos anónimamente, pongan la moneda en un sobre y escriban *Familia pobre*. Ahora bien, en esta universidad tampoco contamos con una fotocopiadora, y nos haría falta una para reproducir monografías y manuscritos, haciéndolos fácilmente accesibles. Si desean ayudar a la compra de una fotocopiadora, pongan los diez centavos en un sobre y escriban en él *Fotocopiadora.*" ¡El ochenta por ciento del dinero se destinó a la adquisición de la fotocopiadora!

Hemos dejado de amar. Hemos formado núcleos férreamente cerrados. Decimos: "Éstas son las cosas que deben preocuparme. No es asunto mío lo que sucede ahí afuera". Creo que hemos llegado al punto de reconocer que ni una hoja se cae sin que de alguna manera nos afecte. ¡Ya no hay sitios donde esconderse! El jefe nos grita. Volvemos a casa y le gritamos a nuestra pareja. El padre le pega al hijo. El niño le da un puntapié al perro, que muerde al gato, que orina sobre la alfombra. ¡Y dónde empezó todo!

Más vale que retornemos a la afiliación de grupo, a ser capaces de renunciar a un poco para obtener más. Debemos volver a confiar, a creer, a trabajar juntos.

¿Quieren saber quiénes son? Mírense en los ojos de quienes los aman. Ellos serán los únicos que se atreverán a demostrarlo.


También creo sinceramente que debemos hablarles a los niños de la muerte, dejar de protegerlos y de educarlos con la idea de que somos absolutamente inmortales. Actuamos como si lo pensáramos. Freud dijo muchas cosas interesantes. Sostenía que muchos de nuestros problemas y nuestra incapacidad provienen de la creencia de que jamás hemos de morir. Creemos que contamos con toda la eternidad. Si se ponen a pensarlo seriamente, se darán cuenta de que siempre suponemos que son los otros quienes se mueren, no nosotros. Lamento decirles que todos hemos de morir. Ése es el acto más democrático que jamás ha existido. Por rico o por ilustre que uno sea, por más títulos que tenga, por mucho que haya aprovechado o desaprovechado la vida, ha de morir. Entonces, ¿por qué tener miedo? Sólo se teme la muerte cuando no se vive. Si uno se halla inmerso en el proceso de la vida, no gemirá ni se lamentará. Si ha tratado con bondad a las personas mientras estuvieron vivas, no se arrojará sobre el féretro gritando: "¡No te vayas, no te vayas!" No permitimos siquiera que la gente muera con dignidad. Los hacemos morir con culpa al clamar: "Oh, por favor no te mueras".

Qué concepto extraño tenemos de la muerte. No queremos llevar a los niños a los entierros. A algunos se les explica que todo muere como perecen las flores en el invierno, y que luego vuelven a crecer. La muerte es un continuo y bello proceso de *vida*. Por eso, cuando uno lo ha visto ya no le teme. La muerte es una muy buena amiga porque nos avisa que no contamos con la eternidad, y que es menester vivir el presente. Comprenderán, entonces, lo valioso que es cada minuto. Teóricamente pensamos así. Pero, ¿vivimos de ese modo? Qué magnífico es disfrutar el momento en que contemplamos una flor. Cuando alguien nos habla, escuchémoslo y no controlemos por sobre su hombro qué más está pasando. No existe mayor insulto que ése. Si alguien no quiere estar conmigo, que *no* esté. No importa; puedo aceptarlo. Pero si va a estar conmigo, que se quede conmigo.

La muerte enseña a los que están dispuestos a escucharla que el único momento que existe es ahora, el momento de tomar el teléfono y llamar a la persona que uno ama. La muerte nos transmite la felicidad del instante. Nos enseña que nada es permanente. Nos enseña a desprendernos, ya que nada podemos llevar con nosotros. Y nos aconseja que renunciemos a las expectativas y permitamos que el mañana cuente su propia historia porque nadie sabe si llegará vivo a su casa por la noche. Es un tremendo desafío. La muerte nos dice: "Vive ahora". Digámosles lo mismo a los niños.

Y una última cosa que desearía hacer saber a los niños es que la vida no es sólo dolor, angustia y desesperación como se ve en el noticiero vespertino o en los diarios. Eso es lo que constituye el material de las noticias. Sin embargo, no se nos habla de las cosas maravillosas, placenteras y fantásticas que también suceden. De alguna manera tenemos que transmitir a los niños esas cosas. El hastío tiene su origen en la rutina. La felicidad, el arrebato provienen de la sorpresa. La rutina conduce al aburrimiento, y si uno se aburre, resulta *aburrido*. ¡Y luego nos preguntamos por qué la gente no quiere estar con nosotros! Podemos elegir puesto que tenemos opciones. Podemos escoger cómo vivir nuestra vida. Podemos optar por la alegría, la libertad, la creatividad, el asombro, la apatía o el aburrimiento. ¡Y podemos realizar la elección en este instante!

Les voy a leer algo que me gusta mucho, que redondea la idea. Fue escrito por Frederick Moffet, de la Junta de Supervisión Educativa perteneciente al Departamento de Educación de Nueva York. Lo tituló *Cómo aprende un niño*.

*Un niño aprende poniendo a prueba sus habilidades, los hábitos y actitudes de los que lo rodean y su propio mundo. Un niño aprende más por el método de prueba y error, por medio del placer antes que del dolor, a través de la experiencia antes que de la sugerencia, y por la sugerencia antes que por la orientación. Aprende también por medio del afecto, del amor, de la paciencia, de la comprensión, de la posibilidad de hacer y de ser. Día a día el niño llega a conocer algo de lo que uno sabe, un poquito más de lo que cada uno de nosotros piensa y entiende. En verdad el niño irá asimilando si percibimos las cosas con agudeza o con lentitud, si pensamos con claridad o indistintamente, si creemos en las cosas tontas o en la sabiduría, si levantamos falso testimonio o si decimos la verdad. De ese modo aprende el niño.*

Es imperioso que les comuniquemos a los niños que tienen la posibilidad de convertirse en seres que aman o en seres frustrados, puesto que perder el amor es perder la vida.

# Tu yo íntimo

Sinceramente creo que si existe *una* sola persona en este mundo a la que podamos tocar sin temores ni vergüenza, jamás moriremos de soledad. ¡Una sola persona! No digo cincuenta, ni cien, ni mil. No importa quién sea esa persona, mujer u hombre, alguien a quien acudir para que nos escuche. Alguien de quien no tengamos que escondernos. Alguien a quien podamos confiarle: "Éstos son mis sentimientos", y que nos conteste: "Muy bien. ¡Éste soy yo!"

A menudo pregunto a mis alumnos: "¿Cuántos de ustedes tienen una persona así?" ¡No quiero que me respondan; simplemente que lo piensen! ¿Pueden acudir a su marido o a su mujer? ¿A su vecino? ¿Pueden ellos recurrir a uno? No son muchos los que conocen la verdadera intimidad. Eso me asusta.

Pero nosotros podemos escoger la felicidad de la intimidad. ¿Por qué no? Permítanme leer algunas de las razones que da la gente para no elegir la intimidad. (Lo sorprendente es que me encontré a mí mismo en estas respuestas, tal como ustedes se encontrarán a sí mismos.) Escuchen lo que dijeron:

177

"No le tengo miedo a la intimidad, pero temo resultar herido."

"Me aburren las relaciones. Apenas conozco a alguien desaparece la novedad, igual ocurre con el interés."

"A la gente no le interesa la intimidad; sólo el sexo."

"Tengo miedo de que los demás sepan cómo soy, porque se horrorizarían."

"No creo en la intimidad. No lo veo posible. Las personas son demasiado diferentes entre sí."

"La intimidad me hace sentir inseguro y celoso. Cuanto más quiero a una persona, más inseguro y celoso me siento. Por eso, prefiero mantener la distancia y no sufrir."

"Es curioso", confesó otro, "pero sólo me peleo y hiero a mis amigos íntimos."

"Siempre que establezco una relación íntima, me siento chantajeado. Sé que debe haber algo más, cosa que yo sigo buscando, y al final arruino todo."

"Todos tenemos necesidades profundas y muy diferentes. Tratar de satisfacer las necesidades de los demás me complica la vida, y ya tengo problemas de sobra."

Éstos son comentarios muy humanos y sinceros. Es verdad que las relaciones íntimas constituyen un riesgo, y también es cierto que pueden herir, que nos exigirán un cambio, que sacarán a relucir nuestros sentimientos más profundos y en ocasiones nos harán sentir muy mal. Pero como he dicho, también es cierto que las únicas alternativas que tenemos de intimidad están en la desesperanza y la soledad.

Nuestra sociedad moderna no pone el acento en la

intimidad. Uno de cada cuatro matrimonios termina en divorcio. En California del Sur, la proporción llega a un divorcio cada dos matrimonios. ¡Dios santo! Las relaciones circunstanciales que comienzan con profundos sentimientos de amor y ternura duran tres meses. Cuando las cosas se ponen un poco difíciles o desagradables, uno no aguanta más y se separa. Entonces aparecen esos libros tan populares como *Siéntete Libre*. Quiero leerles algo de ese libro: "Siéntete libre si una relación se vuelve aburrida y lenta, y no te sientas culpable, porque las relaciones duraderas de pareja ya no son posibles". ¡Y el autor es un psiquiatra! Por eso, si discutimos, si no estamos de acuerdo, digamos: "Al diablo contigo. ¡No voy a arreglar nada contigo! ¿Quién quiere tomarse el trabajo? ¿Para qué resolver nada? Más fácil es encontrar otra persona".

George Leonard dice: "Podemos dar vueltas alrededor de la Tierra, llegar a la Luna, pero esta sociedad no ha ideado aún la forma de que dos personas vivan en armonía siete días seguidos sin desear estrangularse mutuamente".

Nos dicen que la intimidad está pasada de moda, pero yo afirmo que *la intimidad es absolutamente esencial; de lo contrario, nos volveremos locos*. Vivan aislados, si pueden. Creo que se puede juzgar el nivel de salud mental por la forma en que cada uno es capaz de establecer relaciones significativas y duraderas con los demás. No por la *cantidad* de relaciones, sino por la *calidad*.

Hay muchos niveles de intimidad. Por ejemplo, recuerdo cuando hice mi doctorado con los llamados "esquizofrénicos irrecuperables"; no existía con ellos el menor contacto. Si uno los tocaba, gritaban: "¡Déjeme en paz!" Se paraban durante horas frente a las ventanas, sin establecer contacto con nadie. Un escalón más arriba están las relaciones de interacción ritual, como cuando uno va por la calle y encuentra a alguien: "¿Cómo estás?" Y la persona contesta: "Bien". Puede estar muriendo de lepra, pero dice: "bien". Le sale automáticamente. De todos modos, a uno no le interesa cómo está, no quiere enterarse. ¿Qué es lo que uno pretende? ¿No sería maravilloso mirar a la persona a los ojos y demostrarle que uno se preocupa? No preguntar, a menos que se desee saber. Y si la persona contesta, escucharla.

En un nivel superior está lo que denomino "charla de cóctel", y eso constituye un material realmente extraño. Hablamos de las cosas que sinceramente no importan. ¿Alguna vez han asistido a un cóctel y propuesto hablar a calzón quitado de religión, de política, del amor? Jamás volverán a invitarlos.

Y luego, en un nivel superior, está lo que Berne denomina "charla lúdicra". También esto es un raro pasatiempo. Nos internamos en el juego de la intimidad para recibir la respuesta que buscamos. Por ejemplo, si el marido o la mujer no está prestando suficiente atención. Uno vuelve a casa y pregunta: "¿Qué te pasa, querida?" "Nada", es la respuesta. "Pero algo debe de pasarte. ¡Mira el aspecto que tienes! ¡Estás pálida!" "No, no es nada". "Entonces, ¿por qué haces una cuestión" *No me pasa nada*. "Pero, querida, algo te ocurre...", y así sucesivamente.

El nivel más alto en el que podemos interactuar y relacionarnos es el que quiero describir hoy, y que es la *verdadera intimidad*, ese dar y recibir sin que haya malinterpretación. "No quiero usarte; quiero amarte. Quiero conocerte, olerte, sentirte. Quiero crecer contigo, bailar contigo, llorar contigo. Quiero acariciarte". Pero como dije, eso requerirá el empleo de todas nuestras energías.

Luchar por la intimidad es un riesgo y puede ocasionar dolor, pero el único modo en que uno se verá a sí mismo y en que crecerá es en una relación íntima. Si pretendo llegar a conocerme, no lo lograré viviendo solo. Lo conseguiré a través de las reacciones de los demás hacia mí, y si todos me esquivan, tendré que comenzar a preocuparme. ¿Cuántas personas conocemos que le echan la culpa a cualquiera menos a sí mismos? La sociedad los persigue, la secretaria está contra ellos, los chicos están contra ellos. Hasta el mismo Dios. ¿No será que hay algo en *ellos* que aleja a la gente? Tal vez deberían mirarse más a sí mismos. Un lindo modo de hacerlo es verse a través de las reacciones que uno provoca en los demás.

Creo que el segundo punto en importancia en una relación de cariño es el compromiso, la más hermosa manera de compartir la soledad. ¿No es una maravilla saber que cuando uno llegue a su casa habrá alguien contento de recibirlo? No sé cuántos están familiarizados con la obra de Joan Didion. Se trata de una escritora muy sensata a quien muy pocos leen. En un libro suyo* cuenta la historia de una bonita estrellita de Hollywood, usada por todos. El director la usa, lo mismo que el productor y sus amigos, y poco a poco ella va enloqueciendo. Literalmente se trans-

---

* *Según venga el juego*, Emecé Buenos Aires, 1972. *(N. del E.)*.

forma en un producto de consumo que puede utilizarse y luego tirarse. Se muere de soledad, pero no puede hallar sinceridad. Cada vez que cree encontrarla, alguien la humilla. Pronuncia un notable parlamento final que quiero leerles porque creo que ayuda a explicar esa soledad en las entrañas que, si somos sinceros, todos sentimos alguna vez:

*Las veía en el supermercado y ya conocía los signos. A las siete de la tarde, los sábados, esperaban con sus carritos delante de la caja registradora mientras leían el horóscopo y Harper's Bazaar. En sus carritos, una única chuleta de cordero y tal vez dos latas de alimento para gatos, además del suplemento dominical. A veces eran hermosas, con sus faldas a la moda y sus anteojos para sol de la tonalidad adecuada, y apenas algún rasgo de vulnerabilidad y tensión alrededor de la boca. Pero ahí estaban, con una sola chuleta, dos latas de alimento para gatos y el suplemento dominical. Para evitar demostrar ella esos mismos signos, María hacía siempre grandes compras: litros de jugo de pomelo, frascos de salsa de pimientos, lentejas secas y fideos de letras, frutas envasadas y cajas de diez kilos de jabón en polvo. Conocía todos los síntomas de las personas solitarias, y jamás adquiría un tubo pequeño de dentífrico ni dejaba caer una revista en su carrito. Su casa de Beverly Hills rebosaba de azúcar, latas y paquetes, comida congelada y artículos de limpieza, pero María comía solamente queso descremado.*

Yo me desempeño en una universidad donde muchas esposas trabajan para mantener a sus maridos. No suelo dar consejos, pero sí presento numerosas alternativas, y les advierto que no se pasen el día entero escribiendo a máquina en una oficina aburrida mientras el marido se halla en una escuela de posgrado, enfrentado cotidianamente a interesantes ideas nuevas de todo tipo.

Es fundamental que todos sigamos creciendo, agregando nuevas cosas cada día. En todo el trayecto la mayor responsabilidad es para con uno mismo, porque si no se piensa así, no se podrá entregar nada a nadie. Sólo se puede dar lo que se tiene. Si a uno le entusiasma bailar, mecerse en los árboles, desplegar actividades alocadas, adelante. No por eso dejará de ser alguien interesante.

Son los rasgos comunes lo que nos acerca, pero es la novedad lo que nos mantiene juntos. Debemos ser estimulantes, emocionantes, intercambiar nuevas ideas, crecer, desarrollarnos. ¡Nunca volvernos predecibles!

Cuando asesoraba a padres, una pareja me contó este episodio verídico. Habían criado tres hijos. Tuvieron que trabajar muchísimo, y finalmente se casó la hija menor. Al finalizar la boda, volvieron a su casa y se sentaron uno frente al otro. El marido miró a su mujer y le dijo: "¿Quién diablos eres tú" ¡Eso sucede con más frecuencia de lo que nosotros creemos! Estamos tan atareados organizándoles la vida a los demás que olvidamos que lo esencial es la nuestra.

Otra cosa que destruye la intimidad es la inmovilidad. Le tenemos miedo al cambio, pero la intimidad lo necesita. Todo se halla en estado de cambio constante, y no se puede suponer que los demás permanecerán siempre en el mismo lugar.

Nadie va a ser o hacer siempre lo que uno desearía. Todo tiene que llegar como sorpresa, y si uno se pone a pensarlo, se dará cuenta de que sus momentos de depresión se deben a que alguien no cumplió con *sus* expectativas. ¡Medítenlo! Cada vez que nos deprimimos es porque alguien no llamó, o no se acordó de nuestro cumpleaños. Si lo recuerdan, demos saltos de alegría. Si no, no importa. Es preciso ser espontáneo en el modo de encarar las relaciones. Ver qué ocurre. Reírse alegremente ante aquello que nos fastidiaría. Si queremos ser fascinantes y no aburridos, seamos imprevisibles. En lo que a mí respecta, mis amigos sólo pueden contar con mi modalidad impredecible. Nunca sabrán lo que estoy por hacer o decir puesto que cambio constantemente, y eso me gusta. Cuando los alumnos levantan la mano y protestan porque eso no fue lo que dije el martes anterior, les contesto: "Ya lo sé, pero he crecido desde el martes. ¿Querrían ustedes que hoy fuese el mismo de la semana pasada?"

Por favor, *no esperemos* para comunicar nuestros sentimientos. Creo que uno de los elementos más destructivos en las relaciones es nuestra incapacidad para dejar traslucir lo que sentimos. Siempre aconsejo: "No tengan peleas cortas". El problema de las discusiones es que suelen terminarse antes de que se haya resuelto nada, antes de que sepamos el verdadero motivo de la discusión. Cuando más discutan, más podrán llegar hasta el fondo del asunto, y cuando vean que la otra persona se marcha de la habitación, deténganla. Eventualmente llegarán a descubrir que la razón de la disputa es una tontería.

Nos necesitamos los unos a los otros, ya mismo. La familia se está desintegrando, los divorcios se multiplican, las relaciones se hacen más y más banales y, en su mayor parte, sin sentido.

184

Los suicidios proliferan, especialmente entre la gente joven.

La intimidad no es sencilla. Constituye un gran desafío a nuestra madurez. Es también nuestra mayor esperanza.

# Escoge la vida

Recoge la vida

El mayor bien que tenemos es la *vida*. Y como dice el viejo adagio, cuando hay vida hay esperanza. Por eso, si pudiéramos *optar* por la vida, todo nos sería menos difícil de lo que pensamos. Sin embargo hay mucha gente que no elige la vida. No hace mucho tiempo uno de mis alumnos fue a verme a la universidad sumamente abatido, y me increpó: "Usted y sus ideas sobre la vida me revuelven el estómago. Dice 'Elige la vida'. ¿Por qué diablos habría de hacerlo? La vida me eligió *a mí*. Yo no pedí nacer. Me obligaron a venir a esta tierra y, si no estoy aquí por mi propia elección, no veo por qué tengo la responsabilidad de escoger la vida".

Todos los años miles de personas se internan en hospitales psiquiátricos y entregan su vida a doctores y terapeutas. Otros se dan por vencidos y piden: "Vive tú mi vida por mí" en vez de aceptar este don maravilloso y vivirlo a pleno.

No sé si han oído hablar del fenómeno cada vez más frecuente denominado el "síndrome del niño apaleado". Estamos castigando a nuestros hijos de manera increíble. Y también ocurre lo mismo con los ancianos. Los hijos aporrean a sus padres de edad avanzada.

Se entrevistó a miles de personas de más de sesenta y cinco años, y sólo el veinte por ciento confesó ser "feliz". Los demás se consideraban *"víctimas"*. ¿A eso queremos llegar? ¿Es ése el sentido de la vida? ¿Seguir viviendo sólo para convertirnos al fin en víctimas?

Mucha gente habla de la muerte, la desesperanza y la angustia. Si eso es lo que quieren, pueden obtenerlo en cualquier parte. Lean el diario. Enciendan el televisor. Pero también pueden pensar que la vida es *buena*, es *hermosa*, y que vale la pena celebrarla.

¿Nunca buscaron lo que dice el diccionario sobre la palabra "vida"? Voy a leerles lo que encontré porque no tiene desperdicio: "La vida es la propiedad que distingue a un ser vital y en funcionamiento de uno muerto". ¿No les parece glorioso? Pero no nos ayuda demasiado, ¿no? Esta otra me encanta: Dice: "El período de utilidad de algo". Y pensé: si el grado de utilidad determina que estemos vivos o muertos, entonces los muertos que andan pululan por todas partes. La que más me gusta, sin embargo, es la tercera definición: "Subsistir en plenitud". La mayoría de nosotros no lo hace en el verdadero sentido de la palabra; no somos seres que viven plenamente. Estoy convencido de que, en la medida en que dejemos nuestra vida en manos de otras personas, menos gozaremos. *Tienes que asumir la responsabilidad de elegir y definir tu vida.*

Sinceramente creo que la mayoría de la gente le tiene *miedo* a la vida, y no sé bien por qué. ¡Tememos ser lo que somos! Poseemos maravillosos sentimientos y no vivimos de acuerdo con ellos. Vemos una persona realmente atrayente y pensamos: "Voy a decirle que es muy hermosa". Pero después nos echamos atrás: "No, no puedo hacerlo". ¡Y quizás ella pase toda su vida sin saber que es hermosa! Es una pena porque si no vivimos a pleno, impedimos que otras personas lo hagan también.

Como tememos a la vida, no experimentamos, no vemos, no sentimos. ¡No *arriesgamos*! ¡No nos preocupamos! Y por consiguiente, no vivimos, puesto que la vida significa un compromiso activo. La vida supone ensuciarse las manos. La vida significa caerse, salir de uno mismo, ¡llegar hasta las estrellas!

Pero es uno quien debe decidir por sí mismo. "¿Qué significa la vida para mí?" Estoy convencido de que, si dedicáramos un poquito de nuestro día a meditar sobre la vida y el amor, ¡seríamos *increíbles*!

No obstante, la vida tiene un modo estupendo de resolver este problema. Me resulta fascinante comprobar que, cuando no se vive la vida, ésta *explota* dentro de nosotros. Es como tratar de sujetar la tapa de un recipiente cuando el vapor pugna por salir. En el instante en que nos comprometemos con la vida, el vapor sale y uno se salva. No es fácil, pero la misma vida nos lo va indicando.

Hay algo que se llama *felicidad*, porque la he *experimentado*. Existe algo denominado *maravillosa locura* porque la he vivido. Y sé que existe algo llamado *amor* porque he amado. También sé que existe el *éxtasis* porque me ha sucedido. Y también sé (porque conozco gente que lo ha experimentado) que existe la fascinación. ¡Me encanta esa palabra! Me niego a morirme hasta no saber a ciencia cierta qué es la fascinación.

Cada uno puede concederse todas estas cosas. Puede crearlas también. Durante toda su vida. Y como educador puedo garantizar que, cualquier cosa que uno aprenda puede ser "desaprendida" y vuelta a aprender de diferentes maneras. De modo que, si uno desea *ser* algo, puede lograrlo, siempre y cuando esté dispuesto a ensuciarse las manos, a sufrir un poco, a luchar otro poco más y a trabajar por ello, puesto que no nos sale naturalmente. Se logra con esfuerzo, pero todo está dentro de nosotros.

Me gusta pensar que el día que nacemos nos dan el mundo como regalo de cumpleaños. Una caja magnífica atada con fascinantes cintas. Pensar que algunas personas ni siquiera se toman el trabajo de cortar las cintas, y mucho menos de abrir la caja. Y si la abren, sólo esperan encontrarse con belleza y éxtasis. Se sorprenden al comprobar que la vida es también dolor y desesperanza, soledad y confusión. Todo es parte de la vida. Yo quiero conocer *todas* esas cosas porque sé que también puedo *aprender* a vivir la fascinación. Si existe, la encontraré. Sé que he sido capaz de convertir el dolor en felicidad, y cualquiera que trate puede hacerlo. Muchos de ustedes pueden hacerlo mejor incluso. Si no lo hallan en sí mismos, no es porque no lo tengan sino porque no han buscado con ahínco.

Podemos trocar la desesperación en esperanza, borrar las lágrimas y reemplazarlas por sonrisas.

La gente siempre me pregunta: "¿Cómo comenzó usted a amar la vida?" En realidad no lo sé. ¿Cómo sabes cuándo empieza algo? Si creen que subí a la cima de una montaña de Nepal y tuve una gran visión, lamento desilusionarlos. Sería maravilloso poder responder eso, pero no es verdad. *No sé* cuándo comenzó, pero se me ocurre que quizá todo se haya originado con Tulio y Rosa, mis increíbles padres, que eran los seres más locos de este mundo. Lamento que ya no estén con nosotros porque me encantaría compartirlos con ustedes. Vivían en una perpetua y loca alegría que era maravillosa. Creo que todos tenemos un poco de esa bella locura que nos mantiene andando cuando todo alrededor es tan insanamente cuerdo.

Mi padre murió hace cinco o seis años. Cada vez que voy a San Francisco me inunda la nostalgia porque él amaba esa ciudad. Mamá y papá visitaban North Beach porque les recordaba a Italia. Comían pastas hasta reventar, hablaban en italiano con todo el mundo, se enteraban de las novedades culturales y luego regresaban a la vasta tierra yerma de Los Ángeles.

Para nosotros era todo un acontecimiento. Siempre llevaban a todos los *bambini* consigo; jamás iban a ninguna parte sin ellos. Nos amontonaban a todos en el viejo Chevrolet; casi salíamos por las ventanillas. Llevábamos sillas especiales en el baúl. Parábamos en el camino en las "zonas de descanso" a almorzar. Era todo un festín. Demorábamos *días* en llegar a San Francisco. Siempre pensé que quedaba a tres mil kilómetros desde Los Ángeles.

Espero que todos podamos hacer las paces con nuestros padres, madres, hermanos y seres queridos antes de su muerte. Cuando papá se enteró de que moriría de cáncer, fui y le dije: "Quiero hacer algo contigo en este tiempo. Si lo deseas, puedo acompañarte todo el tiempo que te quede. ¿Adónde deseas ir? ¿Querrías regresar a Italia?"

"Oh, no, no, no, no. Mi país es éste. Pero me gustaría viajar a San Francisco".

Entonces trepamos al auto y marchamos hacia San Francisco. Durante cinco gloriosos días vagamos por las calles. ¡Comíamos cinco veces por día! Hicimos montones de cosas juntos.

No obstante, su muerte fue un momento muy difícil para mí, como lo será cuando ustedes deban despedirse de un ser querido. Recuerdo que al volver del entierro me sentía terriblemente triste. Al llegar a casa encontré un enorme ramo de flores y una gigantesca torta de chocolate, con una notita de un amigo que decía: "Leo, te mando esto para recordarte que aún existen cosas bellas y sabrosas para comer".

No pude impedir que mi padre muriera, pero la fuerza que había en mí me ayudó a aceptar la situación

Papá era de esas personas que regalan todo ¡Todo! Jamás tenía nada. En cuanto salíamos un poco a flote y podíamos comprar zapatos, encontraba la torma de desprenderse de su dinero otra vez. Por eso vivíamos constantemente a la deriva. Pero mi madre sabía cocinar maravillas con poca cosa.

Recuerdo haber visto a mi padre sinceramente abatido un par de veces. Dicho sea de paso, ellos nunca nos ocultaron la vida. Siempre nos comunicaban cuándo se sentían tristes, infelices o temerosos. Nunca nos hicieron creer que eran de piedra. Por el contrario, se nos presentaban como seres humanos, y se los agradeceré eternamente. No eran símbolos de perfección sino de humanidad.

Una vez nos sentó a todos para informarnos que su socio se había fugado con todo el dinero de ambos, y que no sabía siquiera con qué iba a pagar la próxima comida.

Mi madre tenía una costumbre muy loca: le fascinaba reír. Y eso le pareció muy gracioso. Papá se enfureció, pero ella lloraba de risa. ¿Y saben lo que hizo? Cuando volvimos esa noche a casa, nos había preparado un banquete de ésos típicos para un bautismo o una boda: pastas, carne de ternera, de todo.

Mi padre se sorprendió: "Dios mío, ¿qué es esto?"

Ella le respondió: "Gasté todo lo que tenía en esta cena".

"¡Estás loca, mujer!"

"Es *ahora* cuando nos hace falta un poco de felicidad, no más adelante. ¡Así que cállate y come!"

¿No les resulta fascinante?

Nos sentamos. Eso ocurrió hace años, y les cuento que nunca me olvidaré de esa cena. ¡Y a pesar de todo sobrevivimos! Mírenme, aquí estoy. Y papá vivió hasta los ochenta y seis.

Por cierto existen las fuerzas externas, pero lo que verdaderamente importa es cómo reacciona uno personalmente ante ellas. Siempre se puede hallar regocijo en medio de la desesperanza.

Si de algo estoy seguro es de que la angustia exige compañía. Los angustiados quieren que uno se sienta igual que ellos. Y trabajarán empeñosamente para lograrlo. "No te atrevas a ser feliz". Bueno, a mí no me agarrarán. Buscarán compañía y yo los acompañaré, pero con *alegría*, no con pesar.

Para poder llegar a esto hay muchas opciones. Quizás el secreto sea escoger la vida.

Dejemos de odiarnos, de denigrarnos a nosotros mismos.

Cuando cada uno haga las paces con su debilidad, lo habremos logrado. Creo que las personas que simplemente aceptan la vida, que no la *viven*, no poseen sentimientos de autoestima. No sé cuándo habrá sido la última vez que alguien les dijo esto, pero yo quiero acentuarlo: *Cada uno de nosotros es un milagro*.

Cada uno de nosotros tiene una historia. Hemos realizado numerosas investigaciones. Dentro de una misma familia, con la misma educación, un hijo puede llegar a ser un santo y el otro un demonio. ¿Por qué? ¿Eso no nos dice nada acerca de las características individuales y del modo único de percibir las cosas que tiene cada ser humano? Todos ustedes vinieron aquí esta noche con un mundo distinto en la mente, con una historia diferente. Algunos tuvieron padres cariñosos y tiernos. Otros tuvieron padres más duros e intolerantes. Otros tienen grandes zonas en blanco. Pero todos están aquí esta noche.

Ése es otro gran misterio. ¿A qué se debe? ¿Qué rasgo en común nos reunió aquí? No lo sé, pero existe. Hay *algo*. Me inclino a considerarlo como algo mágico. ¡Qué maravilla! Cada uno ha venido con su propia historia y también con un bagaje emocional que es sólo suyo. En este mismo instante, se sentirán confundidos o amargados o felices. Algunos han traído todo tipo de asombrosas vibraciones. Todas son válidas. Todas son buenas y hermosas. El misterio es que nos hayamos reunido. No preguntemos por qué.

Pertenecemos a una sociedad que analiza *todo*. Alguien nos dice: "te amo", y le exigimos: "¡Define los términos!" Hemos llegado al punto de no saber más cómo vivir algo plenamente. Todo lo que se nos acerca pasa por un extraño mecanismo de filtración, y cuando logra trasponerlo, ya no es lo que era sino lo que *nosotros* hicimos de él; por consiguiente, no cambiamos. No crecemos, no maduramos. Hacemos las mismas cosas día tras día. Sin embargo, cada uno es una historia, una historia única y asombrosa. Sea cual fuere su historia, ya ha pasado. Amémosla y aceptémosla. Reinventemos el perdón. No podremos escoger la vida mientras no hayamos aprendido a perdonar. Perdonaremos a los que nos han hecho daño cuando hayamos *aprendido* a decir: "No importa. Está todo bien". De lo contrario, llevaremos esas cosas a cuestas y nos doblegarán con su peso. Cuando aprendamos a perdonar podremos zafarnos de ese lastre, y toda la energía que usábamos para transportarlo nos ayudará a crecer y ser hermosos. Eugene O'Neill dijo algo excepcional:

*Ninguno de nosotros puede remediar las cosas que nos ha hecho la vida sin que nos diéramos cuenta. Ellas nos obligan a hacer otras cosas toda la vida, hasta interponerse constantemente entre uno y lo que uno querría ser. Y de ese modo nos perdemos a nosotros mismos para siempre.*

De manera que cada uno de nosotros es un pasado pero también un *futuro*. Eso lo sabemos. Pero, ¿quién puede saber cuál será el futuro? Nadie. Entonces, ¿para qué preocuparnos tanto por él? Los únicos que se hacen ricos preocupándose por el futuro son los de las compañías de seguros. Pero si hay alguien que *no* nos asegura de nada, son las compañías de seguros. Nos meten todo tipo de ideas extrañas en la cabeza respecto de la necesidad de protegernos, que terminamos preocupándonos por la preocupación.

También somos un presente, un "ahora", con voluntad, intelecto y deseos. Partiendo de esto, podemos llegar a convertirnos en lo que deseemos.

Esto quizá suene ingenuo, pero yo lo creo firmemente. Si esta noche al salir de aquí cada uno decidiera: "Voy a averiguar lo que significa escoger la vida", o "voy a averiguar lo que significa ser una persona amante a partir de hoy"; lo que sucedería en las próximas tres o cuatro semanas sería sorprendente.

¿Somos un pasado? Sí. ¿Somos un futuro? Sí, pero lo verdaderamente esencial a que debemos dedicarnos si pretendemos elegir la vida, es elegirla en el presente. ¡Ahora mismo! Porque eso es lo más importante. Porque *también* somos algo en potencia. Y para desarrollar este potencial es menester que nos libremos del yo autodestructivo. Paul Reps lo denomina "La parafernalia del anti-yo". ¡Y cuánto que tenemos de eso! Debemos librarnos de los "no". ¡Qué mundo tan negativo! Debemos desprendernos de los imposibles puesto que nada es imposible. Debemos desterrar lo irremediable porque nada es irremediable. Ésas son palabras que emplean los tontos, no los inteligentes.

Los más grandes sueños que han hecho realidad hombres y mujeres habían sido considerados como algo imposible, hasta que alguien demostró lo contrario. Lean *La voluntad de curarse*\*, de Norman Cousins. A Cousins le habían pronosticado dos meses de vida. Han pasado diez años, y el hombre sigue escribiendo artículos para el *Saturday Review*, da conferencias por todo el mundo y acaba de publicar su libro con su actividad.

\* Emecé (Bs. Aires, 1979). *(N. del E.)*.

Nos demuestra su falta de pánico frente a la muerte.

Estoy convencido de que la causa de nuestros mayores sufrimientos es el hecho de que no seamos completos. Usemos todo nuestro potencial. Pero eso no es suficiente. "Es una tarea ímproba", diremos, pero seguimos haciéndola porque se trata del trabajo de toda una vida. Debemos descubrir un nuevo aprendizaje, nuevas habilidades, nueva creatividad.

Para elegir la vida debemos estar dispuestos a volver a arriesgar y amar. ¿Conocen algo más importante? ¿Para qué trabajamos? ¿Para qué sufrimos? ¿Para qué tenemos esperanzas? Es el amor. Es la vida. Perderse eso sería la mayor carencia.

No obstante, si estamos dispuestos a arriesgar, a *sufrir*, conoceremos el amor.

Van Gogh declaraba: "El mejor modo de amar la vida es amar muchas cosas". Si quieren saber qué clase de personas amantes son, presten atención a los comentarios que hacen durante el día. Podrán declararse personas que aman, cuando sepan cuántas veces por día dicen "me encantan las flores" o "amo a los niños".

Otra cosa que se precisa es hacer frente a la muerte.

Un aspecto notable de la muerte es que nadie sabe cuándo le va a llegar. Por ende, constituye un desafío para vivir *cada momento* como si estuviéramos por recibir su llamado. En nuestra cultura, nada aborrecemos más que el concepto de muerte. Nunca he visto gente temerosa de la muerte como en los Estados Unidos. ¿Saben por qué? *¡Porque no vivimos!* Si viviéramos, no le tendríamos miedo.

Si viviéramos plenamente cada momento que nos ha

dado Dios, cuando nos llegara la hora no gritaríamos en rebeldía. Pregúntenle a los que estudian el fenómeno de la muerte quiénes son los que mueren felices: los que han procurado vivir.

La muerte es un desafío. Nos enseña a no perder el tiempo, a crecer y madurar. Nos enseña a decirles a nuestros semejantes que los amamos, a entregarnos *ya*. Hay un libro hermoso llamado *El Gatopardo* que trata sobre un siciliano que vivía con pasión. Ese hombre creía que lo más bello del mundo era *la donna*, la mujer. Toda su vida admiró la belleza femenina. También trabajó para mantener su familia, pero jamas perdió de vista el hechizo, la hermosura de todas las mujeres. Para él no había ninguna fea. Contrajo una seria enfermedad, y de casualidad se hallaba en el norte de Italia. Como ningún italiano del sur quiere morir en el norte, pidió que lo llevaran a su hogar porque quería morir junto a su familia. Así fue cómo lo subieron a un tren para recorrer todo el país. En el trayecto se describe su dolor y su desesperación. Vuelve a su casa porque sabe que va a morir. Al entrar en Roma oye todo el ajetreo de la estación. Levanta la cortina de la ventana y mira afuera. Ve entonces la dama más increíble y hermosa que jamás se ha cruzado. Gran sombrero marrón con una enorme pluma del mismo color, guantes largos de cuero también marrones, la mujer más distinguida del mundo. El hombre la mira y exclama: *"Madonna mia"*, enfermo y todo. Ella le sonríe y el tren se aleja de la estación. El siciliano no puede apartar esa visión de su mente.

En el capítulo siguiente se halla moribundo, rodeado por sus familiares llorosos. De pronto se abre la puerta y entra la dama de marrón. Con toda la elegancia del mundo se abre paso entre los parientes y llega hasta el lecho. Levanta un brazo y le entrega al enfermo su mano bellamente enguantada. Él la mira y musita: "Eres *tú*".

¿No es maravilloso? No hay nada que temer de la muerte.

Así que, como ven, vivir la vida es tarea de toda la vida. Recuerdo haber leído que Kierkegaard afirmaba: "La vida sólo puede ser comprendida retrospectivamente". Eso está muy bien, pero de todos modos debemos vivirla *hacia adelante*. Tal vez no la entendamos, pero no estoy seguro de que sea tan necesario entenderla. Sí, empero, es menester *vivirla*.

Quisiera terminar con un bello párrafo de un libro de Joan Atwater llamado *La Vida Simple*. Es muy breve y en cierto modo resume todas estas ideas:

*Nuestras vidas están sobrecargadas. A menudo vivir nos resulta un asunto terriblemente complicado. Los problemas del mundo son increíblemente complejos y comprobamos que no existen respuestas sencillas. La complejidad nos deja siempre con una sensación de incapacidad y desamparo. Y sin embargo, sorprendentemente, continuamos avanzando día a día, añorando algo más simple y con más sentido.*

*Entonces el proceso de vivir adquiere una tremenda importancia. Está en nuestras manos encarar la búsqueda con autenticidad, con sencillez, con una claridad despojada de cargas inútiles.*

Por cierto que podemos hablar, trabajar y aprender juntos, pero a la larga cada uno debe definir *su* vida, ya que es solamente la suya, de nadie más. Y no hay otro camino.

# Enseña la vida

Quiero relatarles algo interesante que me ocurrió. Algunos de ustedes saben que el día de San Valentín* me convertí en una especie de héroe nacional. Sinceramente considero magnífico que a uno lo asocien con el amor, de modo que no me quejo. Recuerdo que me llegaron llamados de todo el país pidiéndome que participe en charlas por televisión y entrevistas en los diarios y revistas. Lamento, sin embargo, que haya que destinar un día especial para que todos se acuerden del amor. Es lo mismo que el día de la madre. Todos los días deberían ser el día de la madre, del padre, del hermano, del abuelito o de la tía. No sé por qué tenemos que determinar fechas específicas, aunque supongo que de tanto en tanto es bueno que a uno lo recuerden.

Me divierte mucho observar la reacción de la gente ante el día de San Valentín. Cerca de mi casa hay un enorme centro comercial. Ese día fui a comprar tarjetas para algunas de mis secretarias y amigas. Como quería que fueran muy bonitas, demoré mucho en elegirlas. Pero

* El *Valentine's Day* (14 de febrero) es el día de los enamorados en E.E.U.U. *(N. del E.)*.

también me dediqué a observar el comportamiento humano.

Vi que llegaba apresuradamente un hombre al hermoso *stand* que estaba lleno de corazoncitos rojos e inscripciones de "Amor". Comenzó a revisar las tarjetas como enloquecido mientras musitaba "¡Maldita sea!" Quería comprar una para su esposa. De pronto, me comentó: "Qué fastidio. ¿Para qué tendremos que hacer esto?" "Si se queja, ¿por qué lo hace?", le pregunté. "¿Cómo que *por qué*? De lo contrario, mi mujer me *mataría*".

Minutos más tarde entró una jovencita; le sonreí y ella me devolvió la sonrisa. "Feliz día de San Valentín", le dije. Y ella me contó: "Aunque no lo crea, mi jefe me mandó a comprar una tarjeta para su mujer. Si mi marido mandara a otra mujer a comprar una tarjeta para mí, lo *mataría*". En pleno día de los enamorados, aquellas dos personas mencionaron el asesinato con sólo cinco minutos de diferencia.

Hace ya mucho tiempo que se sabe que nadie enseña aquello que sus alumnos no quieren aprender. Yo podría ser el hombre más sabio del universo y contarles todo lo que sé, pero si ustedes no quieren saberlo no lo aprenderán. Lo sé porque constantemente les grito cosas a mis alumnos, y sé que ellos tienen la facultad de aparentar estar fascinados. Me miran como diciendo: "Hombre, qué interesante eres". Pero no pasa nada. Anotan todo en sus cuadernos, pero seguramente a menudo estarán pensando: "¿Qué ropa me pongo esta noche?" Arrojar información es una cosa, pero el aprendizaje depende de una decisión individual. No puedo tomarla yo por ustedes. En la universidad de Stanford, Bandura está realizando estupendas investigaciones en el campo del aprendizaje, y no cesa de repetirnos que no aprendemos por lo que *nos dicen*. Aprendemos observando y experimentando. Se trata de un proceso de descubrimiento volitivo. Me preocupa que exijamos a nuestros niños que aprendan a amar, que aprendan la responsabilidad y la alegría de la vida, sin que les ofrezcamos demasiados modelos. Hay gente que protesta por las tarjetas de San Valentín y entonces envía a sus secretarias a comprar tarjetas para sus esposas.

¿Qué les parece esta estadística? En una reciente investigación sobre salud mental, sólo el veinte por ciento de los entrevistados en los Estados Unidos manifestaron ser felices y disfrutar de la vida. ¡El veinte por ciento! Además, uno de cada siete de nosotros requerirá ayuda psicoterapéutica antes de alcanzar los cuarenta. Uno de cada tres matrimonios terminará en divorcio. Y dicen que antes del año 2000 será uno de cada dos. Me acabo de enterar de otra estadística que sinceramente me apabulló: sesenta millones de recetas de Valium se emiten anualmente en nuestro país.

Con esta clase de modelo, ¿qué esperamos que aprendan los que nos rodean, especialmente los niños? Trabajo todo el tiempo con niños, como ustedes saben. Y siempre les oigo decir: "No puedo hacer eso. Soy torpe". "Quién te dijo que eres torpe?" "Mi maestra". "Mi padre".

Me gustaría hablar con ellos y presentarles a mi maestra preferida, una persona a quien siempre menciono. Si alguna vez la encuentran en cualquier parte, avísenme. Sería capaz de volar hasta Nepal para darle un abrazo a la maravillosa señorita Hunt. Para ella nadie era torpe. Todos poseían algo especial y único. ¡Pesaba ciento treinta y cinco kilos! Era única, llena de amor. Cuando la señorita Hunt nos abrazaba y desaparecíamos en ella . . . nos sentíamos capaces de aprender cualquier cosa por ella. ¡Qué modelo!

Es así como día a día presentamos modelos a nuestros niños. La pregunta que siempre me formulo es: ¿Qué clase de modelo somos? ¿Cómo podemos exigir que nuestros hijos lleguen a ser personas que aman cuando no ven a nadie que ame alrededor? ¿Cómo podemos pretender que sean responsables, solícitos, si no les damos el ejemplo? Sólo pondrán en práctica lo que vean al observar a sus mayores. Por eso me gustaría hablarles de algunas de las cosas que deberíamos mejorar. Con ese objeto, es menester que nos propongamos ser el mejor ejemplo, ser modelos de vida.

Me sorprendo cuando leo las estadísticas. Son muchísimas las personas que me dicen: "Yo no pedí nacer". Qué pena, cuando hay tanto en este mundo. Yo no podría aceptar nada con indiferencia porque me volvería loco. Amo con intensidad porque hay tanto para conocer, para ver, para hacer, para saborear y masticar, ¡especialmente para masticar!

Hace poco estuve en Albany. Había pasado de una temperatura de treinta grados a la sombra a veinticinco bajo cero. Todo el mundo se compadecía de mí. Entonces reaccioné: "¿Por qué me dicen eso? Está nevando, el suelo está cubierto de hielo y no veo frecuentemente este paisaje. Quiero celebrarlo y disfrutarlo".

Una de las primeras cosas que debemos enseñar a los niños (y no podremos hacerlo a menos que lo creamos sinceramente) es que cada uno de nosotros es algo "sagrado".

¿Por qué protegemos a los niños contra la vida? No debe sorprendernos que luego tengan miedo de vivir. Nunca se nos dice qué es realmente la vida. No se nos dice que la vida es felicidad y maravilla, que es magia y fascinación si uno decide tomar parte activa en ella. Tampoco se nos dice que la vida es también dolor, angustia, desesperación, tristeza y lágrimas. No debemos perdernos *nada* de ella. Abracemos la vida y aprendamos todo lo que tenga para enseñarnos. Que nuestras vidas no transcurran sin saber lo que es llorar. Para eso están los conductos lagrimales. Si la intención fuese que no llorásemos, no estarían allí. No está mal llorar un poco. Las lágrimas aclaran la mirada.

Me gusta mucho la obra de Martin Buber, especialmente su concepto de la persona. Sostiene que cuando interactuamos con nuestros semejantes, debemos considerarlos como seres sagrados porque de hecho lo son. A menudo uno se relaciona con los demás partiendo de la base de que uno es persona y los demás entidades cosificadas. ¿No se enojan acaso cuando alguien los trata como una cosa? "En la medida en que nos relacionemos con las personas como personas", afirma Buber, "habrá diálogo. De lo contrario, sólo existirá un monólogo". Yo no quiero hablar conmigo solamente sino con los demás. Y que los demás hablen conmigo. Tenemos dignidad. Y los niños deben aprender eso desde *temprano*.

También hay que enseñarles que no se encontrarán a sí mismos buscando fuera de sí mismos. Tienen que examinar su interior, y no es fácil eso de hallar la propia individualidad para compartirla con el prójimo porque durante toda la vida se nos está diciendo quiénes somos. Parece que fuéramos lo que los demás nos dicen que somos. Y quizás algunos se hayan dado cuenta de que los demás tienen buenas intenciones, pero lo que dicen no concuerda con lo que *realmente* uno es, puesto que uno se siente incómodo con el papel que se le obliga a desempeñar. Si uno se resiste a eso y dice: "Voy a tratar de averiguar quién soy", acepta el mayor desafío. Al hacerlo no tendrá paz, pero seguramente jamás se aburrirá. Encontrarse a uno mismo es un proceso lento y duro, semejante al de cualquier descubrimiento. Nunca es fácil, pero uno no puede apoyarse en los demás para buscarse a sí mismo.

Creo que también es indispensable que transmitamos a los niños la importancia de los demás, que es imposible crecer en este mundo sin asumir a los demás. Es preciso enseñarles a volver a confiar en los demás porque todos tememos a nuestros semejantes. Levantamos muros cada vez más altos, fabricamos cerraduras cada vez más resistentes. Día a día compruebo cuánta es nuestra desconfianza, y eso hace daño.

Debemos enseñar a confiar, a creer. Por supuesto que es un riesgo, pero todo es un riesgo. Tenemos que tomar contacto con el hecho de ser *humanos*. Uno no ama para que le retribuyan con amor. Ama porque sí, porque le surge espontáneamente de su interior. Mucha gente con un enorme potencial teme mostrarse tal cual es. Es increíble la belleza que se pierde por el temor.

Creo que también es importante que hablemos a los niños sobre la continuidad de la vida. Vivimos en una sociedad estratificada. Se mantiene a los niños con los niños, a los adolescentes con los adolescentes y a los jóvenes casados también. Y si uno se queda soltero, pierde a sus mejores amigos. ¿Y cómo va a aprender un niño que la vida es un viaje, algo con continuidad?

En mi niñez veíamos a los viejos y sabíamos que algún día habríamos de envejecer también. Veíamos moribundos y comenzábamos a apreciar la vida. Pero cuando uno lo ve por primera vez se muere de terror. La mayoría de nosotros se horroriza con la muerte. No sabemos morir ni vivir con dignidad. Si uno ha vivido con dignidad, morirá dignamente. No hay que preocuparse por eso.

Una de las cartas más fascinantes que he recibido este último año fue la de una mujer a la que le quedaban tres o cuatro meses de vida. Enseguida percibí que se trataba de una persona sensible. Simplemente no sabía cómo encarar la muerte. Al contestarle, me arriesgué a proponerle: "En vez de quedarse sentada esperando que le llegue la hora, aproveche totalmente estos días o meses que le quedan de vida. Vea qué pasa si se decide a *hacer* algo. Vaya a un hospital. Allí también hay criaturas que están por morir. Converse con ellas".

Así lo hizo. Y lo más maravilloso de todo fue que los pequeños le enseñaron *a ella* a morir. Apenas entró, los chicos le preguntaron: "¿Tú también vas a morir?" Ningún adulto se había atrevido a decirle algo similar. "Sí", respondió. "¿Y tienes miedo?" "Sí". "¿Por qué tienes miedo si vas a ver a Dios?" Muchos de nosotros decimos que cuando muramos veremos a Dios, pero cuando nos llega el momento gritamos y nos rebelamos, horrorizados.

Una niñita le preguntó: "¿Vas a traer tu muñeca?" La mujer vive aún y continúa trabajando, y no creo que le preocupe demasiado cuándo le llegará la muerte. Todavía tiene cosas que hacer. Todavía le queda tiempo. La edad no tiene nada que ver con la senilidad. Lo que nos convierte en seniles es pensar que ya no tenemos más opciones. En la medida en que tengamos vida podremos vivir plenamente hasta la muerte. Y los niños deben enterarse de eso. Deben *verlo*. No los llevamos a los velatorios. No les permitimos ver cadáveres. No les damos respuestas cuando nos preguntan: "¿Qué le pasó a mi perrito?" "¿Adónde está la abuela?" Los pequeños imitan las actitudes de los padres. Si sus padres se aterrorizan ante la muerte, ellos también.

Otra cosa que es fundamental es que los niños aprendan que tienen alternativas. Y sólo lo creerán si les damos esas opciones en la vida.

La gente no cesa de afirmar que una de las razones por las que nos gusta acumular riquezas y amasar fortunas es porque así obtenemos más alternativas. ¡Eso es demente! La mayor tasa de suicidios proviene de los acaudalados. Si uno no aprovecha sus alternativas *ahora*, podrá tener todo el oro del mundo, pero seguirá sin poseer alternativas.

Uno *tiene* opciones. Puede elegir la alegría y no la desesperación. La felicidad y no las lágrimas. La acción y no la apatía. Madurar y no estancarse. Se puede elegir la vida. Y ya es hora de que alguien diga que no estamos a merced de fuerzas más poderosas que nosotros mismos.

La gente me dice: "Buscaglia, qué ingenuo es al pensar que se puede optar por la felicidad". Inténtenlo. La próxima vez que estén en una situación que los impulsaría a gritarle a alguien, intenten sonreír. Es impresionante. Algunos de ustedes me han oído hablar del hombre que gritaba en el aeropuerto; decía que tenía que salir de ahí pese al temporal de nieve. Era imposible. También había una mujer que cuidaba a todos los niños para que las madres pudiesen ir a comer algo. Ésa es la clase de opción a la que me refiero. Y agrego: ¿Por qué optar por gritar sabiendo que uno mismo se perjudicará, que le traerá una úlcera? Un hombre que conocí me confesó que antes nunca lo había pensado. Después de aquella charla, se encontraba en el aeropuerto de Chicago, el mismo sitio donde había tenido yo aquella experiencia. Es un lugar maravilloso para tener experiencias. Si quieren que les suceda algo, pasen por el aeropuerto de Chicago. Dijo que arribó en medio de un temporal de nieve y le informaron que tendrían que llevarlo a su punto de destino en ómnibus porque era imposible despegar esa noche del aeropuerto. En el mismo vuelo iban dos mujeres en sillas de ruedas, que no se conocían entre sí. El hombre me dijo: "Me acordé de ti y tus consejos de no quedarnos quietos, hacer algo". Se acercó entonces a las mujeres y les preguntó:

"¿Van ustedes a tal sitio?"

"Sí", le respondieron.

"¿Cómo se las arreglarán con su equipaje?"

"No podemos levantarnos de las sillas de ruedas, y como no hay ayudantes..."

"Yo me ocuparé de las dos". Retiró el equipaje de ambas, lo llevó hasta el ómnibus y las ayudó a subir. Y declaró: "¡Nunca me había sentido tan bien en mi vida! Fue una experiencia hermosa". Ésa sí que fue una opción.

Hablemos ahora del riesgo porque es un tema muy atrayente. Una vez que uno se acostumbra al riesgo, le cambia la vida. Pero el cambio y la maduración sólo se producen cuando estamos dispuestos a arriesgar y experimentar con nuestra propia vida. Uno nunca está seguro de nada. Todo es un riesgo. Recuerdo que hace muchos años vendí todo lo que poseía, a pesar de los consejos de cuantos me rodeaban. Quería dar la vuelta al mundo. Quería oír el tañido de una campana de cristal de Nepal. Quería sentarme en un arrozal en Tailandia y conversar con la gente. Y lo hice. Vendí mi póliza de seguro, mi casa, mi auto, todo. Y me fui. La gente me decía: "Nunca volverás a encontrar un puesto como el que tienes ahora. Cuando regreses te morirás de hambre". Volví con diez centavos de dólar. Y no me morí de hambre sino que aprendí cosas muy importantes. Aprendí actitudes. En Bangkok oía decir a la gente: *"mah-pen-lai"*. "¿Qué querrá decir eso?", me decía. Finalmente, le pregunté a unos amigos: "Hay una frase que oigo constantemente en el mercado, en el aeropuerto, en los museos, en los canales, en los ríos: *mah-pen-lai*. ¿Qué significa?" Ellos sonrieron: "Significa *está bien, no importa*". Y de pronto comprendí ¡Santo cielo! Con razón se habla del país de las sonrisas si tanta gente puede decir: "Está bien, no importa". Después pensé en nuestra cultura, donde *todo* importa. El noventa por ciento de las cosas que nos preocupan ni siquiera llegan a suceder. Y nos seguimos afligiendo igual.

Quisiera leerles algo:

"Reír es arriesgarse a parecer tonto" Bueno, ¿y qué?

214

Los tontos se divierten muchísimo.

"Llorar es arriesgarse a ser tildado de sentimental". Por supuesto que soy sentimental, y me encanta. Las lágrimas son una gran ayuda.

"Acercarse a otro es arriesgarse al compromiso". ¿Por qué es un riesgo comprometerse? Yo *anhelo* comprometerme.

"Exponer los sentimientos es arriesgarse a mostrar la verdadera personalidad". ¿Qué otra cosa tengo para mostrar?

"Amar es arriesgarse a no ser amado a cambio". Yo no amo para que me retribuyan con amor.

"Vivir es arriesgarse a morir". Estoy preparado para eso. Que nadie se atreva a derramar una sola lágrima cuando se entere de que Buscaglia voló por los aires o cayó muerto, porque lo hizo con entusiasmo.

"Confiar es arriesgarse a sufrir desesperanza, e intentar es arriesgarse a fracasar". Pero *hay* que correr riesgos, porque el mayor error en la vida es no arriesgar nada. La persona que nada arriesga no hace nada, no tiene nada, no es nada y se convierte en una nada. Podrá esquivar el sufrimiento y el dolor, pero simplemente no puede aprender, no puede sentir, cambiar, madurar, amar ni vivir. Encadenado a sus certezas, se transforma en un esclavo. Ha perdido su libertad. Sólo el que arriesga es verdaderamente libre.

# Hablando del amor

Hace poco un vecino mío me habló de una pequeña iglesia cerca de casa donde se daban fenómenos espirituales muy hermosos, y me invitó a ir y experimentarlo. Allí fuimos. Apenas abrí la puerta de la iglesia todo el mundo me tendió los brazos. Me tomaron de la mano, me dieron palmadas en el hombro, me acariciaron el pelo. ¡En la puerta! Sólo después nos hicieron pasar. Hubo canto y baile; era toda una celebración. Pero el momento culminante fue cuando el pastor se puso de pie y anunció: "Amigos, el hermano Jonathan va a pronunciar el sermón de hoy. El tema será la fe". El pequeño hermano Jonathan se levantó. Medía aproximadamente un metro y medio. Se plantó delante de todos, cruzó los brazos y dijo: "Fe, fe, fe, fe, fe, fe". Y se sentó. El ministro volvió a adelantarse con una sonrisa, diciendo: "Gracias, hermano Jonathan, por su hermosa homilía sobre la fe". Yo pensé: "Algún día, cuando tenga que hablarle a la gente sobre el amor, voy a cruzar los brazos y decir: "Amor, amor, AMOR, AMOR". ¡Y después me iré a casa! Será la noche más bella de mi vida. Pero como todavía no estoy seguro, voy a pasar una hora hablándoles de lo que ese hombre dijo en un minuto.

Sinceramente me preocupa el hecho de que sintamos unas ansias tan intensas de amor y que veamos tan poco de él a nuestro alrededor. Hice un curso sobre terapia de juego. Es una terapia para niños; los adultos usan el lenguaje como terapia; hablando recuperan la salud. Pero con las criaturas hay que jugar. Se lleva a los niños a una habitación, se les dan cosas para que puedan usar en sus representaciones y se les dice: "Vamos a estar juntos, a charlar, a compartir". Una vez me entregaron a una niñita con problemas emocionales. Era la primera vez que trabajaba con una niña de cinco años. Hizo las cosas más increíbles. Afortunadamente ahora nos estamos enterando de que hasta los bebés saben lo que pasa. Ahora hablamos de temas importantes como la "estimulación temprana del infante".

El hecho es que durante varios días Lelani hizo cosas que me inquietaban. Tomaba arcilla y modelaba pequeños hombrecitos de nieve. Después, cuando estaban todos hechos, decía: "¡Mamá!", y lo derribaba. "¡Papá!", y lo derribaba. Así recorría toda su familia. ¡Incluso pretendía que lo hiciera yo! Y como soy un pésimo terapeuta infantil porque se supone que no hay que comprometerse emocionalmente con esos niños, le pregunté : "Lelani, ¿por qué destruyes a todos tus seres queridos?" Me miró indignada como diciéndome "estúpido", y me contestó: "Porque son ellos quienes me hacen sufrir".

¡Cinco años! Haciendo gala de mi torpeza como terapeuta, le dije: "Sin embargo yo te amo y no te hago sufrir". Y me respondió: "Eso es porque eres loco". A los cinco años ya sabía que el amor puede ser doloroso, que aquel que ama incondicionalmente debe de estar loco.

No me molesta ir a algún sitio y proponer: "Hablemos del amor". Y si creen que estoy loco, mejor porque eso me da un margen mayor de comportamiento. Todos aceptamos y perdonamos a los locos. Pero hoy quiero mencionar ciertas estadísticas no tan locas sobre el amor que me preocupan mucho, y espero que a ti también.

¿Sabían que anualmente ocurren más de veinticinco mil suicidios en los Estados Unidos? ¿Y sabían que muchos de esos suicidios corresponden a personas de más de sesenta y cinco años? Quizás eso nos diga algo sobre la forma en que tratamos a los ancianos, sobre lo que sentimos por ellos. Somos una sociedad que detesta todo lo viejo. No queremos verlo cerca de nosotros. Lo alejamos o lo escondemos, en vez de acercarlo y comprender que lo viejo puede ser hermoso, y que los que han perdido el sentido de la historia tendrán que volver a vivirlo en sí mismos. Uno de estos días envejeceremos y nos arrumbarán en alguna parte. Me preocupa además el hecho de que, pese a que la mayor tasa de suicidios se da en los que han pasado los sesenta y cinco, la tasa que más va creciendo es la de los adolescentes. Chicos de trece, catorce y quince años que ni siquiera saben qué es la vida, a quienes jamás se les dijo lo maravillosa, mágica e interesante que puede ser. Y ponen fin a todo sin concederse siquiera una segunda oportunidad.

No eludamos el amor. Es un don increíble.

Mucha gente afirma que ama, que cree en el amor. Y después le gritan a la camarera: "*¿Dónde está el agua?*" Yo creo en el amor que me demuestra cada uno con sus actos, cuando puedes comprender que todo el mundo le enseña a los demás a amar en cada momento. Es interesante señalar que, en el proceso de adquisición del lenguaje, los niños aprenden la palabra "no" muchísimo antes que "sí". Tal vez, si escucharan palabras más positivas, aprenderían antes a decir "sí".

Durante mucho tiempo me he preocupado por el amor. He leído cientos de libros de texto de psicología y sociología para ver qué opinaban los profesionales. ¿Sabes que ni siquiera figuraba el tema en el índice? Eso nos da la pauta de cuánto pensamos en el amor. Cuando escribí mi libro *Amor*, mi editor me advirtió: "Leo, creo que tendrás que cambiarle el nombre porque estoy seguro de que ya está registrado". Yo le propuse: "¿Por qué no lo remites lo mismo, a ver qué pasa?" Así fue como lo envió, y recibió luego el *copyright* para *Amor*. Había libros llamados *Amor y odio, Amor y deseo, Amor y temor, La Alegría y el Poder del amor,* pero a nadie se le había ocurrido titular un libro simplemente *Amor.* A-M-O-R. Qué bella palabra, Qué palabra infinita.

¿Quién es la persona que ama? Es la que se ama a sí misma. Vivo repitiéndolo, y la gente me dice: "Sí, usted tiene razón", pero no lo ponen en práctica. Jamás podrán amar a nadie si no se aman a sí mismos. Weisel, el maravilloso autor judío, escribió un hermoso pasaje en un libro titulado *Almas ardientes:*

*Cuando muramos y vayamos al cielo y nos enfrentemos con el Supremo Hacedor, Él no nos preguntará: "¿Por qué no te convertiste en un mesías? ¿Por qué no descubriste la cura para tal o cual enfermedad?" Lo único que nos preguntará en ese precioso momento será: ¿Por qué no fuiste tú mismo?*

Ésa es nuestra mayor responsabilidad porque, de lo contrario, ¿para qué tendríamos características individuales? Todos somos diferentes. Cada uno tiene algo que nadie en el mundo posee. ¿No basta eso para entusiasmarse con uno mismo?

Les digo eso a mis alumnos y me responden: "¿Yo? Yo no tengo nada de útil". Bueno, si así lo creen y si escuchan lo que les dicen los demás, quizá se convenzan de que es verdad. No sé por qué la gente siempre trata de rebajarnos en vez de ayudarnos a madurar.

Pero una de las cosas más difíciles es *ser uno mismo*, averiguar quién soy y qué tengo para compartir. Y luego dedicarse a desarrollarlo para poder entregarlo a los demás, puesto que ése es el único motivo que existe de tener algo. Lo maravilloso de uno mismo es que no se trata de nada concreto. Lo que uno deja atrás de sí no es tangible. Eso es lo notable. Es algo grandioso y espiritual. Eso es lo que uno es. Y si lo desarrollamos, se lo dejaremos a cuantas personas toquemos. Y *ellos* a su vez serán más.

La más ardua batalla es la lucha por ser uno mismo, ya que tiene lugar en un mundo donde la gente se siente más cómoda si uno actúa para su conveniencia. Y si uno se da por vencido, no quedará nada de su persona. Si somos capaces de poner nuestro interior en orden llegaremos a desarrollar todo lo que somos. Sólo entonces podremos decir: "Soy una persona que ama porque doy todo lo que soy sin cortinas de humo. Me entrego libremente". Qué cosa hermosa. No perdamos la oportunidad. En algún punto del camino, nos encontraremos a nosotros mismos. Nos estrecharemos la mano y diremos: "Hola. ¿Dónde diablos estuviste todos estos años? Ahora que estamos juntos podemos seguir nuestro rumbo". Y comprobaremos que somos infinitos, que nuestra potencialidad no tiene límites. Nadie ha logrado hallar una limitación al potencial humano.

Hace poco me hallaba en un avión. Suelo viajar con frecuencia, y me encantan los aeropuertos. Alguna gente los odia. A mí no me gusta trasladarme hasta ellos, pero disfruto dentro de los aeropuertos porque allí aprendo más sobre el comportamiento humano que en ninguna otra parte. Miro a las personas. No me aburro. Dejo de controlar qué vuelo está por partir. Observo todo lo que sucede en ese sitio, la dinámica de la vida en acción.

Al subir al avión me senté al lado de un muchacho con aspecto de tenerlo todo. Era alumno de una universidad de Colorado. El chico empezó a hablar: "No me gusta esto". "Las escuelas no sirven para nada". "Los profesores son una porquería". "El mundo es horrible". "Este país..." Finalmente lo increpé: "¡Cállate la boca! ¿No sábes cuántas veces en los últimos setecientos kilómetros has dicho 'yo'?" Luego de una pausa me preguntó: "¿Quién diablos es usted?"

En contraposición con ello, el año pasado tuve una experiencia en el aeropuerto O'Hare. Estuvimos completamente cercados por la nieve durante dos días enteros con sus noches. Nuestro avión fue el último que recibió permiso de aterrizaje. Luego anunciaron que no sólo no podríamos marcharnos en vuelo alguno, sino que tampoco podríamos salir del aeropuerto debido a un temporal de nieve. También nos indicaron que toda la comida y la bebida serían gratis, y que los bares estarían abiertos. ¡Eso era magnífico! Sin embargo había gente que trataba mal a las azafatas y gritaba.

A diferencia de estas personas que protestaban y exigían que se los llevara a su lugar de destino en el acto, había una mujer maravillosa que se ofreció a ayudar a las azafatas que se encargaban de los ancianos.

Deberían haber visto a esa mujer. Era la misma situación, el mismo temporal. ¿Cuál era la diferencia entre los que chillaban y la mujer que se ocupó de los ancianos? Que hizo uso de la opción. Una opción increíble, asombrosa, mágica y personal. "Quiero ayudar porque eso me produce placer".


Yo fui uno de los afortunados que pudo ver al Dalai Lama del Tibet, y ojalá todos hubiesen podido vivir esa experiencia. Subió al escenario, miró el auditorio del templo y dijo: "Nuestro mayor deber es ayudar al prójimo". Luego esbozó una sonrisa y agregó: "Y si no pueden ayudar, por favor no hagan daño".

Si cada uno de los aquí presentes nos dijéramos: "Yo no sirvo para ir a ayudar a la gente, pero prometo que jamás he de herir a nadie, al menos intencionalmente", *¡qué lugar maravilloso sería la Tierra!*

Siempre me digo que nadie debería morir solo. ¿Sabían que en Los Ángeles existe un servicio que puede contratarse por ocho dólares la hora para que alguien nos acompañe cuando morimos, para que no fallezcamos a solas? ¡Eso es repugnante! Si uno llega al momento de la muerte y no tiene siquiera *una* persona que quiera sostenerle la mano, entonces algo anduvo mal. Nadie debería morir solo.

Me gusta mucho la historia del tipo que subía por un camino angosto de montaña, y llega a un sitio donde hay una curva muy pronunciada. Cuando estaba por doblar, aparece una mujer conduciendo en sentido contrario. Al verlo, ella saca la cabeza por la ventanilla y grita: "¡Cerdo!" Azorado, el tipo saca los ojos del volante para mirarla y se choca contra un cerdo.

¡Ya no creemos a las personas que quieren hacer el bien!

Sin embargo, realmente nos volvemos humanos cuando extendemos los brazos y nos arriesgamos a abarcar al prójimo y a confiar en él.


Un día vino un chico a verme. Se llama Joel, y se ha hecho famoso por la cantidad de veces que repito su historia. Tengo su permiso para relatarla. Me preguntó: "¿Qué puedo hacer?" Cerca de la universidad hay un hogar de convalecientes, y allí lo llevé. Todo el que quiera ver su futuro debería visitar esos asilos. Gente de avanzada edad estaba tirada en las camas, con viejos camisones de algodón, mirando el techo. La senilidad no proviene de la edad avanzada sino del hecho de no ser amado, de no sentirse útil.

El hecho es que entramos, él paseó la vista a su alrededor y preguntó: "¿Qué haré yo aquí? No sé nada de gerontología". Le contesté: "Me alegro. ¿Ves esa mujer que está allá? Ve a saludarla".

"¿Nada más?"

"Nada más."

El muchacho se le acercó y le dijo: "Hola". La señora lo miró con aire suspicaz durante un minuto, y le dijo: "¿Eres pariente mío?" "No". "¡Muy bien! Me fastidian los parientes! Siéntate, hijo".

Y así comenzaron a charlar. Dios mío, ¡las cosas que ella le contó! Como he dicho antes, cuando ignoramos nuestra propia historia, estamos condenados a repetir todo una y otra vez. Esta mujer había conocido muchas cosas maravillosas en su vida: el amor, el dolor, el sufrimiento. Incluso el hecho de acercarse a la muerte. ¡Pero nadie se detenía a escucharla! Joel comenzó a ir una vez por semana, y muy pronto ese día comenzó a denominarse: "El día de Joel". Él llegaba y todos los ancianos se reunían a su alrededor.

¿Saben lo que hizo esa mujer? Le pidió a la hija que le llevara un lindo camisón. Y allí esperó a Joel un día en la cama, con su bello camisón nuevo y toda acicalada, cosa que no había hecho en años.

Probablemente el momento más feliz de mi carrera docente haya sido el día en que, caminando por el *campus*, me encontré con Joel, que avanzaba como el flautista de Hamelín, seguido por unos treinta ancianos, ¡que iban a un partido de fútbol!

¿Qué puedo hacer? Mirar alrededor. ¿Qué puedo hacer? Nada monumental. Son pequeñas cosas, a veces fugaces, pasajeras.

Voy a leerles algo que Elisabeth Kübler-Ross escribió

en su último libro titulado: *"La muerte: etapa final del crecimiento"*.

*Lo importante es comprender, aun sin saber qué somos o qué nos sucederá al morir, que nuestro objetivo es crecer como seres humanos, mirarnos por dentro, encontrar algo y construir a partir de allí esa fuente de paz y comprensión y fortaleza que es nuestro yo individual. Entonces acercarnos a los demás con amor, aceptación y paciencia en la esperanza de lo que podamos llegar a ser juntos.*

Todos los aquí presentes *verán* más claro juntos que a solas. Si realmente pusiéramos en juego nuestras energías, podríamos levitar la ciudad de Sacramento. ¡La primera ciudad del mundo en elevarse sin más ayuda que la fuerza humana!

Necesitamos también liberarnos de las palabras, de la tiranía de las palabras, porque son trampas. Hemos quedado atrapados en estas trampas antes de tener edad suficiente para leer el diccionario. La gente nos indicó a quién debíamos odiar, a quién amar, qué es lo más importante y por qué; todo en huecas palabras.

Una palabra provoca todo tipo de reacciones en cada uno de nosotros. Cada vez que oímos una palabra, oímos una definición de diccionario y, paralelamente, se *siente* algo dentro. Piénsenlo. *Comunista. Católico. Judío. Negro.* Y sea cual fuere el sentimiento que provoquen, a menudo nos vemos llenos de odio, prejuicios o ánimo destructivo sin habernos tomado el trabajo de definir para nosotros esos términos.

La vida no es un mero tránsito ni es un objetivo en sí misma. Es un proceso al que se llega paso a paso. Y si cada paso es maravilloso y mágico, así será también la vida. Jamás llegaremos entonces a la muerte sin haber vivido.

Un colega mío sufrió un infarto a los cincuenta y dos años. La esposa llamó a la hija, que vivía en Arizona, para que viajara de inmediato. La chica, de veintidós años, alquiló un auto en el aeropuerto internacional de Los Ángeles, tomó la autopista, tuvo un accidente y murió en el acto, mientras que él se recuperó. Nunca se sabe. Es un profundo misterio, y lo único que sabemos con seguridad es que estamos aquí y ahora. Nos nos perdamos el presente.

Quisiera terminar con unas notas que aún estoy corrigiendo, a las que he puesto por título: "Un comienzo":

*Todos los días me prometo no tratar de resolver todos mis problemas al mismo tiempo. Tampoco espero que lo hagas tú.*

*Todos los días trato de aprender algo nuevo sobre mí, sobre ti y sobre el mundo en que vivo, para poder continuar experimentando todas las cosas como si fuesen nuevas.*

Nunca somos la misma persona. Después de esta noche seremos diferentes. Y mañana, después del desayuno, también, aunque más no sea, más gordos.

*A partir de hoy no olvidaré comunicar mi alegría y mi desesperanza para que podamos conocernos mejor. A partir de hoy te prestaré atención realmente, escucharé tu punto de vista y descubriré el modo menos amenazante de expresarte*

*el mío, teniendo siempre presente que ambos estamos
creciendo y cambiando de mil maneras. A partir de hoy
pensaré que soy un ser humano y no debo exigirte la
perfección hasta no ser yo perfecto.*

*A partir de hoy seré más consciente de las cosas bellas
de este mundo.*

Sé que existe lo feo. Pero también está la belleza. Y no
permitan que les digan lo contrario. Miraré las flores,
miraré los pájaros, los niños. Sentiré las brisas frescas.
Comeré sabrosas comidas. Y compartiré todo con ustedes.

Estoy sinceramente convencido de que, si hubiéramos
de definir el amor, la única palabra suficientemente amplia
como para abarcarlo sería "vida". El amor es la vida en
todos sus aspectos. Y si uno pierde el amor, perderá la
vida.

# Juntos

Quisiera referirme a un concepto que para mí es muy importante: la idea de que estamos juntos. Sinceramente me preocupa cuán alejados vivimos unos de otros. A todos nos pasa eso que Schweitzer definió hace tantos años cuando dijo que nos aglutinamos en muchedumbre, pese a lo cual morimos de soledad. Es como si ya no supiéramos más cómo relacionarnos con el prójimo, para tomarlo de la mano, para llamar a los otros, para tender puentes. Por eso hoy quiero hablar de algunas ideas alocadas que tengo para poder construir los puentes que nos han de acercar.

Creo que esta separación queda ilustrada con algo que me sucedió hace poco, en un avión. Un señor estaba sentado junto a la ventanilla cuando llegué. Lo saludé amistosamente, cosa que siempre hago para iniciar la relación. Si vamos a pasar cinco horas juntos, conviene empezar por saludarse amistosamente, aunque siempre hay alguien que no contesta. El hombre dijo: "Maldita sea, pensé que iban a dejar este asiento libre así me podía estirar". "Le prometo que apenas estemos volando, si hay otra butaca vacía, me ubicaré allí para que usted se pueda estirar."

Me senté a su lado, nos ajustamos los cinturones y en eso entró una mujer con un bebito. El hombre comentó: "Maldita sea. La criatura va a chillar todo el viaje". Ésa fue la segunda vez, ¡y aún no habíamos despegado! La tercera fue cuando la azafata anunció que había un sector reservado para "no fumadores". "A los que fuman habría que matarlos", fueron sus palabras. "¿A todos?", le pregunté. "Conozco algunos fumadores muy agradables. Yo no soy uno de ellos, pero no mataría a todos". Luego recibimos el menú. ¿No es fabuloso que podamos cruzar el país en avión y que no sólo nos den de comer sino que podamos elegir el plato? El señor miró la lista y dijo: "¿Por qué será que nunca sirven nada decente en estos malditos aviones?" Recuerden que todavía no habíamos levantado vuelo. Después la azafata comenzó a indicar qué hacer en caso de accidente. "Mire a esas estúpidas. No hacen nada. Sólo están para atender a los de primera clase. No son más que putas de lujo". Y así siguió.

No pude cambiarme de asiento, pero decidí que, antes de llegar a Nueva York, habría convertido a ese hombre en una persona que ama. Cuando estábamos en el aire, se volvió hacia mí y me preguntó: "¿En qué trabaja usted?" Le contesté: "Soy profesor de una universidad". "¿Qué enseña?" "Dicto cursos sobre el amor y las relaciones humanas". Y el tipo me dijo: "Menos mal que todavía quedan personas que sienten lo mismo que yo por sus semejantes". ¡Todo el mundo se considera una persona que ama!

He aprendido varias cosas interesantes que, en mi opinión, provienen del hecho de verse atrapado en la órbita del egocentrismo. Tomé los datos de un libro titulado *Un día común y corriente en los Estados Unidos:* En un día común y corriente, nacen 9.077 bebés en los Estados Unidos, lo que es maravilloso (1.282 son ilegítimos y no queridos). Se fugan de su hogar unos 2.740 chicos. Se divorcian 1.986 parejas. Se suicidan 69 personas. Se produce una violación cada 8 minutos, un asesinato cada 27 y un robo cada 76 segundos. Además, el promedio de duración de las relaciones de pareja es de tres meses. ¡Como para no enloquecer! Y éste es el mundo que estamos creando para nosotros y nuestros hijos. Bueno, yo no quiero formar parte de ese mundo; prefiero crear uno diferente, y quiero que lo hagamos juntos.

Sinceramente no tengo nada que vender, pero sí mucho para compartir. Sé positivamente que, si lográramos relacionarnos, ustedes podrían dar buenas ideas para revertir esta tendencia. Si tan sólo reconociéramos que no podemos sobrevivir solos, y que la soledad y el egoísmo conducen a la destrucción y la muerte.

También estamos aprendiendo mucho sobre el aprendizaje. He sido maestro toda la vida y me encanta la docencia, pero hace muy poco que llegué a la conclusión de que no tengo nada que enseñar a nadie. En el mejor de los casos, lo único que puedo ser es un facilitador del conocimiento. Puedo mostrar la comida, pero si nadie quiere comer, nada puedo hacer al respecto. Pero también sé que, si lo presento de un modo atractivo e interesante, quizás algunos se pregunten: "¿De qué está hablando este loco? Tal vez valga la pena probar".

Lo que verdaderamente nos hace falta son buenos *modelos*. Necesitamos modelos de amor, personas que nos lo demuestren.

Muchos de ustedes saben que me crié en una enorme, fantástica y cariñosa familia italiana. Aprendí muchas cosas de mis modelos, y la mayoría de ellas me fueron enseñadas sin saberlo. Por empezar, aprendí que necesitamos ser amados. Por eso me he pasado la vida amando, y me ha encantado.

También me enseñaron a compartir. Teníamos una casa pequeña y una familia inmensa, ¡y cómo se aprendía a compartir! Ahora construimos casas enormes donde nos podríamos perder. Nosotros éramos muchos pero teníamos un solo baño. ¡Cómo voy a olvidarlo! Era el centro de la casa. Todo el mundo entraba y salía del baño continuamente. Cuando uno lograba entrar y sentarse tranquilo treinta segundos, enseguida oía: "Sal de ahí, que es mi turno". Aprendimos a compartir, a salir de nosotros mismos, a usar el mismo lavabo y dormir en las mismas habitaciones, sin darnos cuenta. Sin embargo, actualmente tenemos un baño para Mary, otro para Sally, otro para papá y un cuarto de vestir para mamá. Es una pena porque no necesitamos tanto espacio.

Así aprendí a compartir y adquirí de mi madre un notable sentido de la responsabilidad. Era una mujer inculta. Pero cuando ella decía algo, le entendíamos. Esto siempre me pareció gracioso cuando fui a la universidad y estudié todas esas teorías sobre el asesoramiento y aquellas ideas de permisividad. Mamá era la más magnífica asesora permisiva que conocí. Nos decía: "¡Cállate la boca!" y siempre sabíamos lo que quería decir. Era una estupenda forma de interacción con la familia. No debe sorprender, por lo tanto, que ninguno de nosotros haya tenido jamás problema mental alguno.

Recuerdo que, de chico, quise ir a París. "Niño, eres demasiado joven para viajar". "Pero mamá, yo quiero ir". En esa época Jean-Paul Sartre y Simone de Beauvoir habían irrumpido en escena con el concepto del existencialismo, y deseaba ir allí porque había oído que los hombres se sentían angustiados y quería probarlo todo. "Está bien, irás, pero si te marchas, te declararás un adulto y después ya no podrás pedirme nada. Eres mayor. Eres libre, vete". Fue fantástico. No tenía demasiado dinero, pero pude vivir el sueño de muchos. Me instalé en un cuarto muy pequeño. Desde mi claraboya podía ver los techos de París. Me sentaba cerca de Sartre y de Beauvoir (aunque no comprendía ni una palabra de lo que decían) y disfrutaba ampliamente. ¡Cuánto sufría también! Fue estupendo también vivir a base de queso camembert y vino francés. Muy pronto me quedé sin dinero. No tenía verdadera conciencia del dinero. Compartía lo mío con todos. Siempre había una botella de vino que todos venían a beber conmigo. Así me habían criado, ésos habían sido los modelos. Cuando llegaba el cartero a casa, papá lo convidaba con un vaso de vino. "Pobre hombre, todo el día trabajando. Le hace falta un poco de vino". Nosotros nos oponíamos: "¡Papá, no le des vino!" Era terrible cuando venía la maestra y papá le ofrecía vino. "La maestra no va a beber". Después nos quedábamos azorados al comprobar que sí bebía. ¡No era tonta! Pero recuerdo haber llegado a un punto en que casi se me había acabado el dinero. Fui a la oficina de telégrafo de París y, para ahorrar dinero, envié un simple mensaje: "Me muero de hambre". Pocas palabras pero importantes. Veinticuatro horas más tarde recibí un telegrama de mi madre que decía: "¡Muérete de hambre!" ¡El momento de la verdad! Finalmente me había convertido en un adulto. ¿Qué podía hacer?

Les diré lo que eso me enseñó. Me enseñó el hambre, el frío, no sólo físicamente sino el frío de no tener botellas de vino para compartir y no ver más a los supuestos "amigos". Mucho fue lo que me enseñó, y jamás lo habría aprendido si mamá me hubiese enviado un cheque. Me quedé allí sólo para demostrarle que podía hacerlo. Varios meses más tarde, cuando volví a casa, ella me dijo una noche: "Fue muy difícil para mí también, pero nunca habrías crecido". Era verdad.


Frecuentemente me invitan a participar en programas de televisión. Cuando estamos en el aire empieza a sonar el teléfono. De cada dos llamados, uno es por motivos de soledad. "Estuve casado, crié hijos y ahora me encuentro solo. Vivo en una vieja casa de departamentos. Me gustaría hacerme amigo de mis vecinos pero tengo miedo de golpearles la puerta". "Camino por la calle, veo gente interesante y trato de sonreírles, pero siento temor". Le enseñamos a la gente todo lo que existe, salvo lo que es esencial, o sea, cómo se hace para vivir en felicidad, cómo tener un sentido del valor y de la dignidad personales. Esas cosas se enseñan y se aprenden. Necesitamos gente que lo demuestre en la práctica.

Hace poco, en una entrevista filmada, oí a una mujer hacer una increíble afirmación: "He pasado los últimos veinte años tratando de que mi marido cambie; me siento muy desilusionada. Ya no es el hombre con quien me casé".

Rodney Dangerfield dice: "Dormimos en cuartos separados, cenamos aparte, tomamos vacaciones separados, y hacemos lo imposible por mantener la unión de nuestro matrimonio". ¿No es descabellado? Y sin embargo, casi hemos llegado a eso.

Comer solo una buena cena está muy bien, pero compartirla con cinco o seis personas queridas, es el paraíso. Ir solo al parque a contemplar los árboles puede ser bello, pero llevar a alguien del brazo que nos llame la atención sobre los tonos rojizos es fantástico. Erich Fromm, que ha escrito cosas hermosísimas sobre el amor, dijo: "La necesidad más profunda del hombre es superar su soledad, dejar la prisión de su separación. El fracaso total de lograr este objetivo significa la insania".

Las personas mentalmente enfermas son las que más se han alejado de las demás. En mis clases de amor hablamos del riesgo de salir de nosotros mismos, y yo siempre propongo: "¿Por qué no lo hacen?" "Siempre contestan que les atemoriza resultar heridos. Dios santo. Qué actitud más enferma. El hecho de resultar herido de vez en cuando puede sazonar la vida. Si uno llora, al menos está vivo. El dolor es mejor que la nada. Necesitamos tender los brazos, abarcar, no tener miedo. Las ciencias biológicas nos lo enseñan. He leído algo muy interesante escrito por Ashley Montague: "Sin la interdependencia, ningún grupo de organismos podría jamás sobrevivir". "Y en la medida en que cualquier grupo se aparte de su funcionamiento, de su necesidad de interdependencia, en esa misma medida se volverá inoperante". Y agrega: "Cuando los organismos interactúan de manera relacionada, se confieren mutuamente beneficios de *supervivencia*, se dan la *vida*".

239

Como todo, esto se *aprende*. ¿Cuáles son algunas de las cosas que pueden unirnos, qué es lo que necesitamos saber sobre las relaciones, sobre el amor? Lo primero es esencial porque en nuestra cultura tenemos un concepto del amor romántico. ¡Por eso tantos de nosotros nos desilusionamos! Sinceramente seguimos creyendo lo que nos muestran en las comedias musicales: que uno llega a una fiesta, pasea la vista por el concurrido salón y se topa con un par de ojos que lo han estado esperando veinte años. Se siente atraído, la abraza y salen a caminar al atardecer. Cada vez que la visita, ella está preciosa, y uno es siempre galante, le lleva incluso flores y chocolates, la alaba por lo linda que está, se casa con ella, y al día siguiente le dice: "¿Quién eres tú?" Porque de repente ella aparece con ruleros. "¡Dios mío, me casé con una criatura espacial!"

Si uno ama a una persona, su objetivo será alentarla para que desarrolle el máximo de su potencial. Cada vez que uno haga algo que ayude a crecer a los demás, deberá regocijarse. En una pareja no se crece por separado sino juntos, tomados de la mano.

Algunos de ustedes conocen el hermoso poema de Gibran que dice: "Sean felices juntos, pero permitan también que el otro esté solo, del modo en que las cuerdas de un laúd están solas, pese a que interpretan la misma música". Estén juntos, pero no demasiado, como los pilares del templo, que mantienen cierta distancia para sostener el edificio. El roble y el ciprés no crecen uno a la sombra del otro.

Estoy preparando un libro sobre las relaciones de pareja y he realizado largas investigaciones sobre ellas, ya que las considero el aspecto más dinámico del comportamiento humano. Pero no es mucho lo que encuentro. Seguramente las relaciones de pareja pueden ocasionar dolor. Unirse y renunciar a algo de uno mismo, puede producir dolor. Pero también se aprende del dolor. Sinceramente me fastidia cuando veo que, en nuestra sociedad, nadie quiere sufrir. Apenas uno sufre algo, se atosiga con píldoras o se ahoga en alcohol, sin saber que gran parte del aprendizaje se verifica en situaciones de dolor y desesperación. La diferencia es que uno lo experimenta pero no se *aferra* a ello. Aferrarse a la desesperanza es una actitud enferma. Uno la vive y la *deja partir*. Todos hemos tenido grandes momentos de desesperación en la vida. El que supo aprovecharlos, habrá aprendido a crecer y convertirse en una persona mejor gracias a ellos.

Mencioné antes cuán apartados estamos unos de otros. En esta sociedad aprendemos que para conocer a la gente hay que decir: "Mucho gusto". ¡Y después hablan de fenómenos distanciadores! Con suerte, nos responderán: "¿Cómo está usted?", por lo general muy rápido. No debe sorprendernos, por lo tanto, que, pese a que ansiemos conocer a los demás, no sepamos nada del otro. A los cinco o seis años, se le advierte al niño: "Eres un *hombre*, y los hombres no lloran".

Uno de los aspectos más tristes de nuestra cultura es que acentuamos desproporcionadamente el aspecto sexual de la relación. Es una pena porque a menudo nos negamos a la ternura, la calidez, por temor al contacto físico. El beso inesperado, la palmada en el hombro cuando más falta nos hace son gratificaciones "sensuales". Jim Sanderson, columnista permanente del *Los Angeles Times* publicó hace poco una carta que le envió una mujer llamada Margaret,

241

de setenta años. El hijo fue a visitarla una noche y entró en la casa sin golpear. Ahí se encontró a Margaret pasando un hermoso momento con un amigo suyo, un señor mayor. Horrorizado al ver a la madre besándose con un hombre en el sofá, el hijo giró sobre sus talones, exclamó: "¡Qué desagradable!" y se fue. Entonces la pobre Margaret pregunta: "¿Hice mal?" ¿Saben qué le contestó Sanderson? Voy a leerlo porque es bellísimo:

*Todo ser humano necesita conversación y amistad. ¿Por qué suponemos que las necesidades de la gente mayor terminan ahí? Quizás el cuerpo cruja un poco, pero no existe la arterioesclerosis de las emociones. Las personas de edad están literalmente hambrientas de cariño, de amor, de caricias, como todo el mundo. Los hijos adultos y demás miembros de la familia por lo general sólo proveen raciones escasas: un beso ocasional. Sabemos que la relación sexual es perfectamente posible a cualquier edad, siempre que se cuente con buena salud, pero incluso si esto no parece apropiado por varias razones, ¿por qué no puede haber algo de romance tardío, un poco de amor, un pequeño contacto inocente, un beso, una caricia en la mejilla, manos entrelazadas? Muchas mujeres de su edad, Margaret, a menudo experimentan sensaciones extrañas y alarmantes, sensaciones que no han aflorado durante años. Es la fuerza vital que viene a rescatarlas, a recordarles que son mujeres y no sólo personas de edad. Alégrese por ello, Margaret.*

# El yo negativo

Hoy quiero hablarles de algo que me parece muy importante. Constantemente recibo gente, trabajo con gente, y me preocupa comprobar que muchos tienen miedo de mostrar su asombro ante la belleza. Dudan continuamente y no se atreven a mostrarse hermosos y maravillosos. Si nos queda alguna esperanza como personas que aman, tenemos que proponernos demostrar ese amor, sacarlo a la luz y no sentir temor. Por eso quisiera hablarles a quienes todavía no están seguros, a quienes se muestran reticentes.

Quizá no se hayan dado cuenta, pero mucho de lo que no son se debe a que literalmente están obstaculizando el camino hacia el crecimiento. Por eso les suplico que se lo permitan. La vida y el amor están a disposición de todos. Lo único que hay que hacer es aceptar la responsabilidad. Sin embargo, muchos no confían en sí mismos. No creen en sí mismos, ni siquiera se gustan a sí mismos. Hace poco estaba en mi oficina y vino una chica encantadora que se sentó frente a mí. "Háblame de ti", le dije. "Vamos a compartir cuatro meses de clases y no quiero que seas una extraña. Háblame de ti, y después te hablaré de mí".

"No tengo nada que contar".

"¿Cómo que no tienes nada que contar? Háblame de lo maravilloso que hay en ti".

Luego de una larga pausa dijo: "Soy demasiado baja".

"Sí, pero eres una excelente alumna. ¿Sabías que te sacaste la mejor nota en el examen?"

"Fue pura suerte".

"¿Pero sabes que eres única en el mundo…?"

"¡No! Y basta de tonterías. Sé que no soy bonita. Son muy pocos los que buscan mi compañía. Casi todo el tiempo estoy sola".

Por supuesto; si estaba convencida de que era baja, fea y estúpida y no tenía nada que contar, ¿quién iría a acercársele? Cómo trabajé con esa chica. Cuando salió de mi despacho era diez centímetros más alta.

Jack Paar dice algo magnífico: "Mi vida parece una larga carrera de obstáculos, y yo soy el principal."

Quiero también leerles algo que me gusta mucho. Se titula "Encerrado", y lo escribió un hombre llamado Gustavson:

*Toda mi vida viví dentro de un coco.*

*Era un lugar oscuro y estrecho, especialmente de mañana, cuando tenía que afeitarme. Pero lo que más me mortificaba era que no había forma de tomar contacto con el mundo exterior. Si nadie encontraba el coco por casualidad y lo golpeaba para abrirlo, estaba condenado a pasarme la vida encerrado adentro. Y quizá morir allí también.*

*Morí en ese coco. Dos años más tarde alguien se topó con el coco, y lo abrió y me encontró allí, encogido, seco como una pasa. "Qué pena", dijeron. "Si lo hubiéramos*

246

*hallado antes, tal vez habríamos podido salvarlo. A lo mejor hay otros encerrados como él".*

*Salieron y rompieron todos los cocos que encontraron. Pero fue en vano. Sólo un loco como yo puede vivir dentro de un coco. Lástima que no pudiera contarles de mi primo, que vive en una bellota.*

No vivamos dentro de un coco ni de una bellota. Hay un mundo afuera. Hay cosas fantásticas para ver, sentir, desear y lograr. La intención del Creador no fue que nos pasáramos la vida dentro de un coco o de una bellota. Ése sería el mayor de los pecados: no arriesgarse a salir del cascarón.

A veces oigo decir a alguien: "Ya antes me han hecho daño, de modo que no volveré a confiar". Se puede aprender del dolor. Qué mundo tonto es éste; creemos que todo tiene que ocurrir en un nivel de suprema felicidad. Eso lo aprendemos de los medios de comunicación. Encendemos el televisor y vemos gente que se enloquece por los copos de maíz.

No hay nada malo en experimentar un poco de dolor. Yo he aprendido muchas cosas maravillosas en situaciones de dolor. De hecho, a veces la muerte nos enseña algo sobre la vida. La desdicha nos enseña la felicidad. Por eso, debemos aceptarla cuando nos toque. Es parte de la vida.

¿De dónde sacamos esas ideas autodestructivas que nos limitan, que nos hacen sentir solos, que nos aburren, que matan la espontaneidad y la sorpresa? Son contrarias a la vida. Son contrarias a la maduración y al cambio. Dejémoslas de lado. Pero, ¿dónde las hemos aprendido?

A veces las tomamos de las personas más queridas. Lo

aprendemos en la familia. Si se quiere aprender a madurar y a conocer la dignidad, no hay mejor sitio para empezar que en el propio hogar. A veces demostramos la menor cantidad de cariño a las personas que más queremos. Elogiamos a los compañeros de oficina, pero jamás a nuestros hijos, maridos o esposas.

Recuerdo cuando llegué a la isla de Bali. No hacía más de dos horas que estaba en mi casita cuando vinieron unas siete u ocho personas y me trajeron regalos: un trozo de batik, flores para adornar la habitación. ¡Obsequios! Yo no tenía nada para darles. Y por supuesto, proviniendo de nuestra cultura, sentía que tenía que retribuirles con otro obsequio. Recuerdo que era la víspera de Navidad, y casi ninguno de ellos había oído la historia del nacimiento de Cristo. Por eso me pareció que sería hermoso relatársela. "Hoy es Nochebuena", les dije.

"¿Qué es Nochebuena?"

Contar esa historia en un país no cristiano es algo muy especial. Me escucharon atentamente y les encantó, les pareció algo magnífico. Pero hubo algo que no alcanzaron a comprender: "¿Qué es eso de que no dejaron entrar a María en la posada?"

"Bueno, no había lugar".

"¿Y eso qué tiene que ver? ¿Cuánto espacio ocupa una mujer? *Siempre* hay lugar en las posadas".

Traten de explicarlo alguna vez. Tuvo que dar a luz en un pesebre. Lo último que me dijo uno de los niños cuando me acompañaron a tomar el ómnibus a Jakarta, fue: "Sigo sin entender por qué no le permitieron entrar".

Hay gente que no conoce a sus vecinos y hace más de diez años que vive en un mismo sitio. Nos tocan el timbre y tenemos miedo de abrir la puerta. ¿Qué nos está pasando? Lo triste del caso es que, una vez que adquirimos esos hábitos, filtramos a través de ellos cualquier cosa nueva que aprendemos, y no cambiamos. Eso nos impide desarrollar todo nuestro potencial. Es necesario que abandonemos esos hábitos porque de lo contrario nuestro mundo será muy limitado, lleno de sospechas y cosas feas.

En mis épocas de estudiante, llevaba turistas norteamericanos a recorrer Italia. Así podía yo visitar a mis parientes y cobrar dinero. En Venecia, por ejemplo, los llevaba no sólo al gran canal sino a otros sitios menos conocidos. Hay en Venecia una hermosa islita a la que se llega en *vaporetto*. Nunca tomen las góndolas porque son demasiado caras. Yo los acompañaba allí y ellos paseaban muy incómodos, mirando todo con aprensión. ¿Saben lo que me dijo uno? "Lo que le hace falta a Venecia es una buena mano de *pintura*". ¿Saben cómo llaman los italianos a la isla? La Isla de los Arcos Iris. La pintura está descolorida, descascarada de las paredes, pero se refleja en el agua en infinitos tonos de colores. Esas personas no estaban preparadas para apreciar la belleza. Lo único que podían ver era que a Venecia le hacía falta pintura.


Al sur de Italia hay un sitio denominado Positano que tiene una enorme escalera. Le dicen la *scalinatella*. Tiene miles de peldaños. A mí me encantaba bajarlos. A mitad de camino, los turistas comentaban: "¿Cómo no se da cuenta esta gente de que lo que hace falta es una buena escalera mecánica?" Debemos tener cuidado de no dejarnos dominar por nuestros hábitos y preconceptos. Filtramos todo a través de nuestros hábitos, y no vemos lo que realmente *es*. Vemos sólo lo que proyectamos. Por eso, somos suspicaces, sentimos miedo. ¿Y qué conseguimos? No experimentar la belleza ni la vida. Dejemos de trabajar en contra de nosotros mismos. Escojamos el camino de la confianza. Todo depende de uno. También se puede optar por los prejuicios, por la desesperanza, por la angustia, por la intolerancia, pero, ¿para qué? No tiene sentido. Sólo les advierto que, si resuelven aceptar la responsabilidad total de sus vidas, no les será sencillo y tendrán que aprender a arriesgar. El riesgo es la clave del cambio. Y sólo la persona que arriesga es libre. Mantenerse oculto a los demás, aceptar los hábitos de la intolerancia, es alejarse de la vida. No permitan que eso suceda. No sólo por ustedes mismos sino por los demás. Eso es todo.

# Índice